# 60歳から読み直したい名著70

齋藤孝

SAITO Takashi

# はじめに　～六十歳から読書はもっと楽しくなる～

六十代以降の人生は、読書を楽しむ絶好のタイミングだと私は考えています。

その理由はいくつかあります。

まず、還暦を迎える六十歳は人生のひとつの節目です。心機一転、人生を新たに巻き直す再スタートの時期だからこそ、これまであまり手が伸びなかった名著を読み直すまたとない機会だと言えるでしょう。

もうひとつの理由は、余暇が増えることです。この年齢になると、子育てが落ち着き、現役を退く人も少なくありません。以前よりも時間に余裕ができ、「さて、これから何をしようか？」と考えたとき、「名著を読む」という選択肢は、間違いなく充実した時間の過ごし方だと言えるはず。

世の中にはさまざまな時間の使い方がありますが、時には「あの時間は無駄だったのでは？」と思うことも少なくありません。

たとえば、現代はサブスクリプションで映画やドラマ、アニメなど、さまざまなコンテンツに触れることができる時代です。私自身も複数のサービスに加入し、さまざまな作品に触れているので、その良さは理解しています。

もちろん素晴らしい作品も多いのですが、六十代を過ぎて人生の円熟味を増した私たちにとって、観終わった後に「少しだけ深みが物足りなかったな」と感じることがあるのも事実です。

しかし、どれだけ時間を費やしても空虚(くうきょ)さが残らないのが、名著を読むことの大きな魅力です。名著の素晴らしさは、どんな人が読んでも、必ず何かしら自分なりに学び、心に残るものがある点です。六十年以上の人生を送ってきた私たちには、大切にしてきた考えや哲学が必ずあります。その考えが名著を通じて一度洗われ、新たな生命を吹き込まれるような、まさに魂が洗われるような経験ができる。

それこそが、名著を読むことの魅力だと思うのです。

昨今、インターネット上ではたくさんの文章を読むことができます。名著そのものを読まずとも、その本に関する要約や解釈、感想などが多く存在し、その概要を知ることは簡単です。

ですが、ネット上の文章を読むことと名著を読むことの大きな違いは、「向きあい方」にあります。ネットでは、気になるキャッチコピーや画像をクリックし、大量の情報に短時間で触れることが多いですが、その多くは「読書」というよりは、あくまで「消費」に近いものです。冒頭の数行が面白くなければすぐに切り捨て、自分にとって心地よい情報だけを選び、消費していくことになります。

でも、そうした細切れの情報をいくら摂取しても、思考を深め、人生について思いを馳せることはできません。

一方で、名著を目の前にしたときは、多少難解でわかりにくい部分があっても、逃げずにじっくりと読み進める努力が求められます。こうした体験は、ネットでは決して得られないものでしょう。名著とは、時の試練を越え、多くの人々の心を揺り動かし、長らく受け継がれ、現代にも残り続けている作品です。

それらに、腰を据えて向き合うがゆえに、自分自身の人生を振り返り、価値観を再評価し、人生に深みを感じることができるのです。

ただし、一口に名著と言っても、千差万別です。なかには一読しただけでは理解できないような難解な作品もあります。だからこそ、名著を読むときは、ある程度の「角度」を持って読むことをお勧めします。

どんなにおいしい食材でも、ただそのまま食べてもその良さは十分に味わえません。調理法を知っておくことで、よりおいしく楽しめるように、名著も読み方を工夫することで、その魅力を最大限に引き出すことができます。

本書では、手が伸びにくかった名著を、六十代を意識した、私なりの「角度」で紹介し、どういった視点で読むと楽しめるかを提案します。それを参考に、ぜひ名著を手に取り、読書の楽しさを再発見していただければ幸いです。

齋藤　孝

# 目次

# 第一章

# セカンドライフを楽しんでみよう

## 人生の達人たちから深い洞察を学ぶ

『徒然草』吉田兼好

何かの道を究（きわ）めた人物の話は、いつ読んでもおもしろいものです。兼好法師が書き記した『徒然草』には、彼が集めた名人や達人の知恵が詰まっています。本書を読むと、つくづく兼好法師は名人・達人が大好きだったのだなと、感じます。

たとえば、双六（すごろく）の名人の話（百十段）をご紹介しましょう。

双六の上手といひし人に、その手立を問ひ侍（はべ）りしかば、「勝たんと打つべからず。負けじと打つべきなり。いづれの手かとく負けぬべきと案じて、その手をつかはずして、一目（ひとめ）なりともおそく負くべき手につくべし」と言ふ。

道を知れる教へ、身を修め、国を保たん道もまたしかなり。

この名人は、双六では「勝とう」「勝とう」としてはダメで、「負けないように」「負けないように」と思って打つ方がよいという。どんな打ち方をしたら負けてしまうかを予測し、たとえ一マスでも負けるのが遅くなる手を使うのがよいと語ります。

有名な「高名の木登り」(百九段)では、名高い木登りが登場します。彼は、自分の指示によって高い木に登って作業している人に対して、軒くらいの高さまで降りてきた所で「ケガをするな、気をつけて降りなさい」と声をかけます。一般的に考えると、高所で作業しているときのほうがリスクは高いはず。そこで、「なぜ木の高いところで作業しているときに声をかけなかったのか」と質問すると、木登りはこう答えました。

「そのことに候。目くるめき、枝危ふきほどは、おのれがおそれ侍れば申さず。誤ちは、やすきところになりて、必ず仕ることに候」

達人いわく、高い場所にいるときはめまいがするし、枝が不安定なときはその人自身が怖がるから、気をつけろとは言う必要はない。むしろ、失敗は簡単なところで起こるものだからこそ、降りる際に声をかけたのだと返答します。

また、私が好きなのは　盛親僧都というユニークな人物のエピソード（六十段）です。この人は芋頭という芋が大好きで、いつも食べていたそうです。

真乗院に盛親僧都とて、やむごとなき智者ありけり。芋頭といふ物を好みて、多く食ひけり。談義の座にても、大きなる鉢にうづ高く盛りて、膝もとに置きつつ食ひながら文をも読みけり。わづらふことあるには、七日二七日など、療治とて籠り居て、思ふやうによき芋頭をえらびて、ことに多く食ひて、よろづの病をいやしけり。

芋頭とは、おそらく現代のサトイモのような食べ物と考えられます。さらに、盛親僧都は、師匠が亡くなると、相続した寺を売り払い、手にした財産すべてを芋に費やしてしまいます。普通の人であれば遺産で贅沢(ぜいたく)をするところでしょうが、すべてのお金を費やすほどに芋を愛せる人はなかなかいないはず。しかも、その結果「そんな大金をすべて芋に使うとは、たぐいまれなる仏教人だ」とみんなに褒められたそうです。こうしたエピソードを読むと、こだわりを持って生きる楽しさが伝わってくるはず。

そして、兼好法師が集めたこれらの逸話には、各界の名人・達人の言うことにはどこか共通点があり、一流の者同士に通じ合う芸道論としての要素も含んでいるとわかります。『徒然草』を通して、人生の達人たちの生き様に触れれば、人生の洞察力を学べるように思います。

本書は全部で二百四十三段から成るのですが、ひとつずつの段はそこまで長い文章ではありません。いろいろな版で手にすることができますが、現代語訳が付いているとスムーズに読めますので、ぜひ、訳文付きのものを選んでみてください。

吉田兼好『新版 徒然草 現代語訳付き』小川剛生・訳注、角川ソフィア文庫（二〇一五年）

# 日常を軽やかにとらえる

『一茶句集』小林一茶

小林一茶は、江戸時代後期を代表する俳人で、松尾芭蕉、与謝蕪村と並び「江戸三大俳人」と称される人物です。

私は、過去に小林一茶の本を出す機会に恵まれ、掲載する句を選ぶため全集を通読したことがあります。全部で二万句ほどという膨大な量ですが、やはりどれもおもしろいし、現代の人間が読んでも思わず親しみを抱くなるものも多い。そんな一茶の作品で共感を覚えるのが、「日常を軽やかに楽しむ精神」です。

やれ打つな　蠅が手をすり　足をする

蝿が前足をこすり合わせる動作を、人間が命乞い(ご)をする姿に重ねて表現する。その視点にユーモアがあふれています。日常の一風景から楽しみを見つけそれをおもしろく表現する姿勢は、作品に通底する要素のひとつだと感じます。

うつくしや　障子(しょうじ)の穴の　天の川

この句は、病に伏していたときに、家の障子の穴から天の川が見えたという情景を高らかにうたったものです。絶望的な状況であっても、これほどまでにおもしろい句を作る一茶の感性の豊かさには驚かされます。

しかし、一茶の人生自体が平穏なものだったのかといえば、決してそうだとは言い切れなかったようです。一茶は比較的裕福な農家に生まれましたが、義理の母との折り合いが悪かったため、長男であるにもかかわらず、早くから家を出されてしまいます。この時代であれば、長男が家を継ぐのが当たり前なのですが、彼は江戸に出て、俳句を学び、俳諧（はいかい）師として生きることを選ぶのです。しかしその後も穏やかさとは程遠い日々を送るのでした。そんな一茶の心境は、俳句にも表れています。

**めでたさも　中くらいなり　おらが春**

この句は、「新年とはいえ、自分にとってはめでたさもほどほどだ」という意味。「中くらいなり」という言葉からは、当時、一茶が対処していた家族との財産争いや、生活の困窮に疲弊していた様子がよくわかります。

**這（は）え笑え　二つになるぞ　今朝からは**

長女が初めて新年の朝を迎えたことを喜ぶ作品です。しかし一方で、一茶にはたくさんの子どもがいましたが、次々と病気で亡くなるという憂（う）き目にもあっていました。そのことを知った上で見ると、大切な我が子の成長を願うものの、幾度となくそれが叶わなかった人生のせつなさも感じられます。

なお、自宅で娘を失くした一茶がその失意のなかで詠んだのが、次の句です。

ともかくも あなたまかせの としの暮

「あなた任せ」とは、他力本願、阿弥陀如来におまかせするということ。浄土真宗を信仰していた一茶の、阿弥陀さまにすがって人生を生きようとする心情が感じられます。財産争いや子どもの死、経済的な苦難といった殺伐とした生活のなかにも、安らぎを求めるために、俳句を作り続けた一茶。自らの老いや不遇を軽やかにとらえるその姿勢からは、大いに学びたいものです。

小林一茶『一茶句集　現代語訳付き』玉城司・訳注、角川ソフィア文庫（二〇一三年）

# 心の支えになる名言を音読し、人生の価値を再認識する

『菜根譚（さいこんたん）』洪自誠（こうじせい）

中国の古典『菜根譚』は、音読に向いた名言が詰まっているのが魅力です。短い名言は、何か辛いことがあったときのお守りのような存在。パラパラとめくってみて、自分にフィットする言葉があった場合は、音読して、記憶すると、いざというときの心の支えになってくれるでしょう。

どんな名言が詰まっているのかを知っていただくために、私のおすすめをいくつかご紹介していきます。まずひとつ目は**「静中の静は真（まこと）の静に非（あら）ず。楽処（らくしょ）の楽は真の楽に非ず」**という一節です。これは、ただ静かな場所に身を置くだけでは本当の静けさは得られないし、楽をしているだけでは真の楽しさは味わえないとの意味。

たしかに言われてみれば、本当の静けさや楽しみは、むしろ激しい人生の試練のなかに見出されるものなのかもしれません。静かに座って静けさを楽しむのも結構ですが、忙しくて追い込まれたときにこそ、ふっと一瞬静かな心持ちになれることもあります。また、大谷翔平選手のように、大きな怪我や信頼していた人の裏切りという試練を乗り越えていると、大願を成就した際に真の喜びが湧くのではないでしょうか。

この言葉を覚えておけば、何か苦しいことがあっても、「これが楽しみに変わるのかもしれない」と思えるようになるはずです。

冷静な視点と熱い心を併せ持つことの大切さを説く「冷眼熱心」という言葉は、**「熱閙の中に、一の冷眼を着くる。冷落の処に、一の熱心を存す」**という表現が元になった四字熟語です。

多忙なときにこそ物事を冷静に見極めつつ、落ちぶれたときにこそ心に情熱を絶やさないという意味です。この言葉を心にとどめておくと、大人の落ち着きと情熱を持つための指針になるはずです。

もうひとつ有名なものは**「縄鋸に木も断たれ、水滴に石も穿たる。道を学ぶ者は、**

**須らく力索を加うべし。水到らば渠成り、瓜熟せば蒂落つ。道を得る者は一えに天機に任す**」でしょう。縄の摩擦でも木は断たれるし、水滴が石に穴を開けることがある。道を学ぶ者はこのような努力を続けるべきである。水によってみぞができ、瓜は熟すればヘタが落ちる。だからこそ、道を得ようとするものは、ひたすら天の自然の働きに任せるべしという意味です。急ぎすぎず、じっくりと着実に進むことで、人生における確かな成果を得られるのです。

**「水の清めるは、常に魚無し」**という言葉もあります。あまりにも清潔すぎる環境には魚も棲まない、つまり人もまた柔軟さがなければ生きづらくなる、とこの言葉は教えてくれます。

人生は白か黒かで割り切れない部分が多く、グレーな部分にこそ人間味がある。まさに、清濁併せ呑む柔軟さこそが、大人の境地であり成熟の証でしょう。

こうした格言は、若い頃よりも、大人になって触れてからのほうが心に沁みるものです。みなさんも思い出してみてほしいのですが、二十代前後の頃は、世の中のことはまだあまりわかっていなかった気がしますし、「人生とは何か」という問いかけについても確信していないものでした。『菜根譚』のような格言を読んだとしても、経験を伴っていないので、その言葉の持つ深みを味わうのは難しかったでしょう。

しかし、そこから四十年余を経て、六十歳前後になると、人生とは何かについて、一通りわかってくるものです。逆にいえば、六十代くらいになっても人生や世の中とは何かがまるでわからないという人は、あまりいない。

そんな折に人生の格言に触れると、若い頃とは違って深く得心がいき、「あぁ、こういう風に自分も人生を歩んできたな」「こんな場面に出くわしたな」と人生に価値を見出しやすくなる。もしかしたら、人生の酸いも甘いも経験し、波乱万丈な人生であった方ほど、『菜根譚』の教えは深く心に沁みるのかもしれません。


洪自誠『菜根譚 全訳注』中村璋八、石川力山・訳、講談社学術文庫（一九八六年）

## 人生における大切なものを見つめなおす

『人にはどれだけの土地がいるか』トルストイ

トルストイの『人にはどれだけの土地がいるか』という作品は、短いながらも「土地」「所有」という普遍的なテーマを扱った物語です。パール・バックの『大地』などにも描かれるように、土地への欲望は人間の根源的な題材ですが、このトルストイの作品も、それを主題にしています。

主人公は、働き者の農夫パホーム。物語の冒頭で、村でつつましく暮らすパホーム夫妻は、都会から来た義理の姉に街での生活を自慢され、土地を耕し、作物を作る生活の素晴らしさで反論します。**「こやしの中で暮らして、その中で死んでいくんじゃないか」**と馬鹿にしてくる義理の姉に、パホームはこう言い返すのです。**「地面さえ**

自由になったら、わしにはだれだってこわいものはない――悪魔だってこわかないよ!」と。

その後、彼は次第に広い土地を借り入れるようになりますが、土地が増えるにつれて、住民とのトラブルや借金に悩まされるようになります。「もしこれが自分の土地だったら（中略）だれに頭をさげることもなく、面倒もなくていいだろうに」という描写にもあるように、彼の願いは叶いつつも、心のなかにはいらだちが増していきます。そんな折、彼は「一定の金額を支払えば、日没までに歩いた分の土地を手に入れられる」という話を耳にします。条件は、日没までにスタート地点に戻らなければ、土地もお金も失うというもの。パホームは欲張って広大な土地を求め、走り回りますが、最終的には力尽き、命を落としてしまうのです。彼が最後に必要としたのは、自分の体を埋めるためのわずかな土地だけでした。

この結末を通して、トルストイは人間の欲望とその果てを見事に描き出しています。

一見、この話はただの寓話（ぐうわ）のようにも思えます。しかし現代に置き換えると、仕事に追われるあまり過労で命を落とす人々と重なる部分も少なくありません。「成功したい」という気持ちで全力を尽くすのは素晴らしいことですが、限界を超えて働き続けると、結果的に自分を滅ぼしかねない。トルストイは、そうした現実を指摘したかったのではないでしょうか。

トルストイは、土地制度について多くの考察を行っており、『復活』や『アンナ・カレーニナ』などの作品にも土地に関するテーマが多く盛り込まれています。彼は作家としての生涯を通じて、土地所有とは何かという根源的な問いを探求し続けていたのでしょう。

また、ロシアの民話を基にした『イワンのばかとそのふたりの兄弟』などからも、トルストイが「人はいかに生きるべきか」というテーマを重視していたことがわかります。このトルストイの思想は日本にも伝わり、大正時代の白樺派に大きな影響を与えました。

私がトルストイに初めて触れたのは、小学生の頃に読んだ『復活』でした。この作品は「カチューシャの唄」でも知られ、主人公ネフリュードフがかつて関係を持った使用人の女性カチューシャとの再会を通して、自らの過去の過ちと向き合う物語です。

なぜ小学生の私がこんな重いテーマの作品を読んだのかはわかりませんが、その影響力は大きく、いまでも記憶に深く残っています。

ほかにも、『戦争と平和』のように、当時の歴史背景を臨場感たっぷりに描きながらも、「人はいかに生きるべきか」という問いを投げかける作品もあります。トルストイの代表作としても知られる『戦争と平和』は素晴らしい小説ですが、その長さゆえに読み切るのはなかなか大変かもしれません。その点、『人にはどれだけの土地がいるか』は短編で、あっという間に読める一方、トルストイの思想が凝縮されて詰まっており、人生について深く考えさせられます。

歳を重ねると、誰しも「自分の人生に本当に必要なものは何か」という想いが浮かぶものです。この作品は、自分のなかにある欲望や価値観を見つめ直し、本当に大切なものは何なのか問い直す良い指針となるでしょう。

トルストイ『トルストイ民話集 イワンのばか 他八篇』中村白葉・訳、岩波文庫（初版：一九三二年、改版二〇〇二年）

## 新しい価値観を探索する楽しみを知る

『悲しき熱帯』レヴィ＝ストロース

二〇世紀を代表するフランスの人類学者、レヴィ＝ストロースが書いた『悲しき熱帯』。南アメリカの現地住民たちの実地調査での体験をもとにしたフィールドワークの名著です。

レヴィ＝ストロースは構造主義の創始者として知られています。彼は、人間の行動や意思の裏には、見えない「構造」が隠れているのではないかと考え、神話などの研究を進めました。

本書の執筆当時に「未開」と呼ばれていた彼らの文化や生活様式、思考の体系に触れることで、私たちが普段暮らしている社会とは全く異なる視点を得ることができます。

ボロロ族という現地民のエピソードを見ていきましょう。たとえば彼らのコミュニティで仲間が一人死ぬと、集団でジャガーを狩りに行くという慣習があります。なぜ、死人が出るとジャガーを狩るのか。その理由は、仲間の死が村に損害を与える。その負債を自然から返してもらおうと考えているため、狩りを行うのです。

自然に対して貸し借りの感覚があるのは、非常におもしろい視点です。一見合理的ではないように見えますが、死の受け止め方としては非常に納得がいくものです。

そのほかにも本書からは、我々と違う死生観を多々見出すことができます。

ボロロ族は死と生の関係について、われわれと全く同じ観念をもってはいないということである。自分の小屋の片隅で高熱にうなされている一人の女のことを、人は或る日私に、彼女は死んでいるのですと言ったが、それは、彼女はもういないものと看做されている、という意味だったのであろう。ともあれ、こうしたものの見方は、われわれの軍隊で、死者と負傷者を等しく「損失」という同じ言葉で一括してしまう遣り方とよく似ている。

これらの事例を見ただけでも、私たちのような合理的志向とは違う思考が、熱帯の人々の間に根付いていることを実感できます。

本書のなかで、レヴィ＝ストロースは西欧的な発展を続ける社会と古来より生活様式が変わらない社会と、どちらが熱くて、どちらが冷たいのかを問いかけます。「熱帯のほうが暖かいから熱いのでは？」とのイメージが湧くところですが、レヴィ＝ストロースは、実は西欧社会のほうが熱く、未開の社会、すなわち野生の思考のほうが冷たいと語ります。西欧社会は常に加速して運動量が多いので、高い熱を帯びやすい。一方、南アメリカの原住民にとって、社会の安定と調和が最も重要であり、発展を求めることよりも、現状を維持することが重視される。だから冷たいのです。

さらに、本書の終盤、レヴィ＝ストロースはこう語ります。

世界は人間なしに始まったし、人間なしに終わるだろう。制度、風俗、慣習など、それらの目録を作り、それらを理解すべく私が自分の人生を過ごして来たものは、一つの創造の束の間の開花であり、それらのものは、この創造との関係において人類がそこで自分の役割を演じることを可能にするという意味を除いては、恐らく何の意味ももってはいない。

レヴィ＝ストロース『悲しき熱帯』川田順造・訳、中公クラシックス（全二巻二〇〇一年）

この言葉を読むと、人間とは自然のなかで生き、やがて自然に還(かえ)っていく存在でしかないのだと痛感します。自然という大きな枠組みからの視点は、人生や社会との関わり方を改めて考えるきっかけにもなります。現代の私たちの生き方が生産主義的で西洋社会的な考え方だとすれば、六十代を過ぎたいま、もっと緩やかな価値観を取り入れるという選択肢もあるでしょう。ただ異文化を知るだけに終わらず、それを通じて自分自身の生き方を見つめ直し、多様な価値観を取り入れれば、人生はより豊かになるかもしれません。また、本書は紀行文としてはもちろん、文学的な要素も高い。その点も意識すると、より一層本書を楽しめるのではと思います。

## キレる老人にならないために

『リア王』シェイクスピア

シェイクスピアの『リア王』は、老いについて深く考えるための必読書です。特に六十歳前後になった頃に読み返すと、その深さが一層心に響きます。

物語は、リア王が自身の王国を三人の娘たちに分け与えるところから始まります。王は娘たちの愛情を試すため、「どれほど自分を愛しているか」を問いかけました。長女ゴネリルと次女リーガンは美辞麗句を並べて父への愛を強く訴え、王の領地を受け取ります。しかし、末娘のコーディーリアは「申上げる事は何も無い」と言い、続けてこう答えるのです。

不仕合わせな生れつきなのでございましょう、私には心の内を口に出す事が出来ませぬ。確かに父君をお慕い申上げております、それこそ、子としての私の務め、それだけの事にございます。

そんな真心からの言葉は父の不興を買い、コーディーリアは追放されます。しかし、領地を与えられたゴネリルとリーガンはリアを冷遇し、彼の権威を奪い去ろうと試みます。リアは次第に狂気に陥り、嵐の荒野をさまようようになります。末娘のコーディーリアは父を助けに戻るものの、戦いのなかで捕らえられ、悲劇的な結末を迎えることに。事実を知ったリア王は、嘆き悲しみ、失意のなか、亡くなってしまうのです。

さて、この物語から、私は大きく分けて二つのメッセージを読み取りました。

まずひとつ目は、遺産相続のタイミングについてです。若い頃は偉大だった王が、年老いて力を失ったとき、自らの存在価値を保つうえで、遺産はひとつの手段でもあります。実際、財産を譲った後の親子関係が冷たくなったり、子どもたちが親を顧(かえり)みなくなったりするのは、現実にもよくあることです。日本でも、会社を譲った親と子が対立し、最終的には会社が崩壊してしまう例を耳にすることがあります。このような事例に照らし合わせても、遺産管理の慎重さは大切だと痛感させられます。

私は個人的には、若い世代にお金を少しずつ渡して、社会全体でのお金の循環を促進するのは良いことだと思っています。ただ、リア王のようにすべての財産を一度に渡すと、不安な老後を迎えるリスクもある。一風変わったシェイクスピアの読み解き方ともいえますが、私たちにひとつの指針を与えてくれます。

もうひとつのメッセージは、老いるほどに怒りっぽくなることへの自戒です。人間は年齢を重ねるにつれてどうしても怒りが表面化しやすくなります。

たとえば、冒頭でコーディーリアの答えに激昂したリア王は、周囲の人になだめられても、「黙れ、竜の怒りに触れるな」と叫び、コーディーリアを追い出すのです。このときのリア王の怒りは、尋常ではありません。

その後も、リア王は、自分の思い通りにならないと感じた瞬間に、憤怒を大きく表し、ときには嵐にまで怒りをぶつけることも。

泣け、泣け、泣け！　ああ、お前達は石で出来ているのだ！　お前達の舌や目が俺のものなら、大空も割れ裂ける程に泣叫んでやろうものを！　娘はもう二度と戻っては来ぬのだ。

シェイクスピア『リア王』福田恆存・訳、新潮文庫（初版：一九六七年、改版：二〇一〇年）

まるでこの世のすべてに怒り狂うかのようなその様子は、非常に印象的で、老いとともに怒りが制御できなくなる状況を象徴的に描いています。

以前、私も『リア王症候群にならない：脱！不機嫌オヤジ』（徳間書店）というタイトルの本を出していますが、『リア王』は様々なことが学べる作品です。人間（特に男性）は、年齢を重ねると怒りっぽくなる自身の傾向を理解し、老いのなかでどのように振る舞うべきか、自らの感情とどう向き合うべきかを再考する必要性を感じます。シェイクスピアの『リア王』は、老後にむけて、自分の財産と怒りをコントロールする上での、非常に貴重なテキストだと言えるでしょう。

## あらゆるものをマネジメント視点で考えてみる

『マネジメント』ピーター・ドラッカー

「マネジメント」という言葉を聞くと、私たちは職場を連想しがちです。経済学者ピーター・ドラッカーが打ち出したマネジメント理論は、組織の成果を最大化するための方法論として、多くのビジネスパーソンの間で知られていますが、本書『マネジメント』を読むと、この理論は、仕事から離れた生活のなかでも活用できるのだと気づかされるはずです。

六十代になると、会社を引退し、新たな環境に身を投じる人も増えていきます。再雇用を選ぶ人もいれば、起業やボランティア活動などの新天地に身を投じる人もいる。はたまた、悠々(ゆうゆう)自適な隠居生活を選ぶ人など、選択肢はさまざまです。

どんな環境を選ぶにせよ、新たな環境に行けば、その場に合ったやり方や道理があります。しかし、会社員時代の思考が抜けきらないと、自分のやり方を通そうとするがゆえに、周囲との軋轢(あつれき)を生み、新たな環境にうまく順応できずに残念な結果に終わる人も少なくありません。

その事態を避ける上でも、ドラッカーの視点は大きな武器になります。マネジメントの視点があれば、どんな場においても、自分の立ち位置を見直し、戦略的に、適切な行動を取り、自分の真価を発揮できるからです。

まず興味深いのが、「顧客」という概念について。「顧客とは誰なのか？」という問いかけは、企業の使命を定義する上で最も重要なものだとドラッカーは指摘します。一見簡単に思えるこの問いですが、実は非常に奥深いものがあります。

企業とは何かを決めるのは顧客である。なぜなら顧客だけが、財やサービスに対する支払いの意志を持ち、経済資源を富に、モノを財貨に変えるからである。しかも顧客が価値を認め購入するものは、財やサービスそのものではない。財やサービスが提供するもの、すなわち効用である。

企業の目的は、顧客の創造である。したがって、企業は二つの、そして二つだけの基本的な機能を持つ。それがマーケティングとイノベーションである。マーケティングとイノベーションだけが成果をもたらす。


「顧客の創造」を通じて、新たな潜在的な顧客を見出し、市場を作りだす。その上で、組織の成果は生まれるのです。

この「顧客とは誰か」という問いは、六十代になり、会社を離れた人には、大いに有効な視点となるでしょう。仮に引退後、家にいる時間が増えた人であれば、自分が長く時間を共にする家族が、顧客とも考えられる。つまり、「家庭をマネジメントする」という視点を持つことで、家族の喜ぶ行動、家族が満足する行動を意識できれば、幸せな家庭生活という「成果」が生まれるかもしれません。

そのほかにも、マネジメントを達成する上での具体的なプロセスが述べられます。たとえば、「問題を明確にする」というテーマの場合は、次のようなポイントが紹介されています。

問題に対する答えは人によって違う。しかし答えの違いの多くは、何についての意思決定かについての認識の違いから生ずる。問題の認識の違いが、答えの違いをもたらす。したがって、どのような認識の仕方があるかを明らかにすることが、効果的な意思決定の第一歩となる。

本書を読むと、マネジメントの理論は、どんな場所でも、どんな年齢でも通じる普遍的な原則だと痛感します。ビジネスの現場に限らず、個人の生活や家庭での問題において、どうすればよいのか迷ったとき、ドラッカーの示す実践的な理論は、いつでも大きな助けとなるはずです。

ピーター・ドラッカー『マネジメント【エッセンシャル版】基本と原則』
上田惇生・編訳、ダイヤモンド社（二〇〇一年）

## 日本文化に対する新たな視点を持とう

### 『「いき」の構造』九鬼周造

「あの人はちょいと〝いき〟だね」「あの着こなしは〝いき〟だ」などの会話が交わされることがありますが、この「いき」とはどんなものか。そんな「いき」という日本独特の美意識を構造的に分析したのが、この『「いき」の構造』です。

「いき」とは、多くの人が感覚的に理解しているものですが、哲学者の九鬼周造はそれを立方体で構造化し、具体的に説明しています。私は初めてこの本を読んだとき、「哲学はこんなものまで知的解剖できるのか」と、興奮を感じました。

その真骨頂は、「意気―野暮」「渋み―甘み」「派手―地味」「上品―下品」といった対立する四種類の軸を、上面と底面に対角線に配置し、直方体の形の六面体で、日本の美意識を分析するくだりです。

なお、この関係は、左図のように、直六面体の形で表わすことができる。この図において、正方形をなす上下の両面は、ここに取扱う趣味様態の成立規定たる両公共圏を示す。底面は人性的一般性、上面は異性的特殊性を表わす。八個の趣味を八つの頂点に置く。上面および底面上にて対角線によって結び付けられた頂点に位置を占むる趣味は相対立する一対を示す。

九鬼が六面体を用いて、「いき」「さび」「雅」「きざ」などの美意識を表現する手法は、非常にわかりやすく、明快です。たとえば「雅」は上品、地味、渋みによって成り立つ三角形を底面とし、底面の中心「O」を頂点とする四面体であり、「きざ」は派手と下品を結びつける直線であると説明されます。

この試みに触発され、九〇年代に若い人たちがよく使っていた「ムカツク」という言葉について、私もかつて同じように直方体で要素を分析し、『ムカツク構造　変容する日本のティーンエイジャー』（世織書房）という本を書いたほどです。

九鬼は「いき」を「垢抜けして（諦）、張りのある（意気地）、色っぽさ（媚態）」と定義しており、この三つの要素こそが「いき」という概念を支えていると指摘します。異性を誘う色っぽさがまったくないのは「いき」ではないが、あからさまな媚態でもダメ。「つやっぽさ」はあるが、相手と一体化はしない「張り（意気地）」がある。このつかずはなれずの平行線のバランスが、何かが始まるのではないかと思わせる可能性やドキドキ感を生むというのです。

「いき」という感覚は、若くて経験の浅い人を指すことはほとんどありません。これは、ある程度の人生経験を積んでいるからこそ、垢抜けを感じさせる要素があるからなのでしょう。

また、色の感覚にも「いき」が表れます。真っ赤や真っ黄色のような派手な色は「いき」とは言い難く、むしろこげ茶色や灰色といった渋い色が「いき」に近い。この色の選び方にも、落ち着いた品位や成熟が求められます。

同時に、九鬼は模様についても分析しています。たとえば、縦縞と横縞を比較した場合、縦に伸びる平行線が持つ張りや緊張感がある縦縞のほうが「いき」であると指摘し、その理由を理論的に解説していきます。

何故（なにゆえ）、横縞よりも縦縞の方が「いき」であるのか。その理由の一つとしては、横縞よりも縦縞の方が平行線を平行線として容易に知覚させるということがあるであろう。両眼の位置は左右に、水平に並んでいるから、やはり左右に、水平に平行関係の基礎の存するもの、すなわち左右に並んで垂直に走る縦縞の方が容易に平行線として知覚される。

九鬼周造『「いき」の構造 他二篇』岩波文庫（初版：一九七九年、改版：二〇〇九年）

この本のおもしろさは、感覚的にはわかるけれども、言葉にはしづらい日本古来の感覚を構造的に理解し、新たな視点を持てる点です。また、六十代からの人生を「いき」に生きてみたいという方にも、手に取っていただければと思います。

# 古今東西の偉人たちから、刺激を受けよう

『西国立志編』スマイルズ

『西国立志編』は、明治時代に中村正直(まさなお)によって翻訳されたサミュエル・スマイルズの著作で、欧米の有名な三百数名の成功者たちの実例を通じて、自己成長と努力の大切さを説いています。もともとは『Ｓｅｌｆ‐Ｈｅｌｐ（自助論）』という原題を持つ本書は、『学問のすゝめ』と同じく明治期の大ベストセラーとなり、日本人に大きな影響を与えました。

なぜ、この本が明治時代の人々の心をつかんだのか。その背景を知ると本書はより興味深いものとなります。明治維新以降の日本は、江戸時代の幕藩体制から抜け出し、西洋国家に習って近代国家を作ろうと奮闘していた時期にありました。自らの士気を

高め、先進列強諸国の成功者たちの工夫や志を学びたいという明治期の若者たちのニーズに、本書はぴったりフィットしたのでしょう。数百年前の作品とはいえ、本書で語られる成功者の知恵や工夫、その背景にある強い志についての記述の数々は、現代の私たちが読んでも、勉強になる部分が非常に多いです。

たとえば、蒸気機関を改良したジェームズ・ワットについては、**「絶大の勉強をもって、極細の工夫を下し、慣習経験によりて、技巧の知識を長ずる人にあることを知るべきなり」**と、彼の粘り強さや探究心について評する記述があります。ワットは子どもの頃からおもちゃを作るのが好きで、その興味を深め、最終的には蒸気機関の効率性を格段に高める画期的な発明へとたどり着きます。

さらに、スマイルズは、ワットがスチームエンジンに施した改良が一端となり、産業革命にますます拍車がかかり、イギリスは世界に冠たる大帝国になることができたのだと結論づけています。

勉強や工夫を積み重ねた人の発明が、国を動かす大きな成功につながるという逸話の数々は、明治時代の若者たちの心に深く響いたのは間違いないでしょう。

また、産業の話ばかりではなく、科学の発見についても本書では言及しています。たとえば、若き日のガリレオ・ガリレイが、ピサの寺院にいたとき、振り子時計の原理を思いついたという逸話にも触れられています。

> ガリレオ、この時わずかに十八歳、子細にこれを注視しけるが、これによりて、ついに揺擺器を用いて、時の遅速を測ることを得べしと、心に想い起こせり。しかれども、これより後、五十年の労苦学習を経て、その揺擺器はじめて十分に成就して、時限を測り天文を算する必要の器とはなりにけり。

十八歳という若さで画期的なアイディアを得たガリレオですが、その思いつきが実用化され、正確な測定器として完成するまでには五十年の努力と学習が必要でした。しかし、ガリレオの発明した振り子時計の原理は、後に時間の計測や天文学に不可欠な道具となっていったのです。

年齢も環境も専門分野も異なる数々の成功者の話は、私たちの心に強く刺激を与えるものです。明治の人々の心を熱くさせた本書は、現代においても、これから社会に出ていく若者だけでなく、定年後の生活で新たな挑戦をしてみようという人にも勇気をもたらしてくれるかもしれません。

事実、私の周囲を見ても、六十代になって会社を辞めたあとに、友人と新しい会社を立ち上げてビジネスを始めたという人もいます。この本は夢や目標に向かうための大きなモチベーションを提供してくれる存在だと感じます。

明治に出版されたものですから、文字自体は文語体であるのでやや読みにくい印象を持つかもしれません。ですが、当時の若い人たちはこの文章を読みながら、「自分も勉強して、工夫を重ね、世の中をよくする挑戦をしよう」という気持ちを抱いていたのだと考えれば、多少読みづらい文語体でも気合を入れて読み進められるのではないでしょうか。

スマイルズ『西国立志編』中村正直・訳、講談社学術文庫（一九八一年）

# 読み込むことで、人生の糧が増える

『言志四録』佐藤一斎

『菜根譚』に並ぶ格言集といえば、江戸時代の儒学者・佐藤一斎の著した『言志四録』です。この本には人生の本質を鋭く突く名言が満載で、一つひとつの言葉が、読むごとに心に響きます。

作者の佐藤一斎は、佐久間象山や吉田松陰、坂本龍馬といった幕末の重要人物に大きな影響を与えた大人物でもありました。

なかでも、薩摩藩の西郷隆盛は、度重なる逆境のなかでもこの本を愛し、何度も言葉を書き写しては、心の支えにしたのだとか。西郷がしたためた文章をまとめた『西郷南洲遺訓』（岩波書店）には、付録として西郷隆盛が愛した『言志四録』の言葉が百個ほど抜粋されています。

　私も『言志四録』は大好きな本で、本書を解説した『最強の人生指南書―佐藤一斎「言志四録」を読む』（祥伝社）、『図解 言志四録』（ウェッジ）という本まで執筆したほどです。では、そんな『言志四録』のなかからいくつか、私のお気に入りの一節をご紹介しましょう。

**「春風を以って人に接し、秋霜を以って自ら粛む」**。これは、人と接するときには春風のように穏やかで温かい心を持ち、自己を律するときは秋の霜のように厳しくあるべきだ、という意味です。年齢を重ねるにつれ、経験と共に冷静な視点が養われていきますが、この言葉を心に留めておくことで、人と接するときには「春風」のような柔和な態度を持つ大切さが思い出されるのではないでしょうか。

**「禍は口より出で、病は口より入る」**という一節も、非常に示唆に富む言葉です。「口は災いの元」という言葉がありますが、思わず口に出してしまった言葉が、のちに大きなトラブルを引き起こすことがあります。世の中には、「こう言えばよかった」という後悔もありますが、むしろ「言わなければよかった」という後悔のほうが多いものです。
この言葉を知っているだけで、自分が大きな失態を犯す前に、ぐっと踏みとどまることができるはず。

**「人は須らく快楽なるを要すべし。快楽は心に在りて事に在らず」**。人は心に「楽しみ」を持つべきであり、外からもたらされる快楽ではなく、自らの心の内に楽しみを見つけることが重要だと説いています。江戸時代の日本人は、快楽を慎む傾向があったといわれていますが、佐藤一斎はその当時、先進的な人物だったのか、慎むばかりではいけないと提言しているのが、心強く思われます。

**「少にして学べば、則ち壮にして為すこと有り。壮にして学べば、則ち老いて衰えず。老いて学べば、則ち死して朽ちず」**は、若い頃から学び続けることで、壮年になっても老いて衰えずに済むという意味です。「死しても朽ちない」という言葉には、老いてからも学び続ければ、死後も自分の社会への貢献や作品などが社会に残り、役に立ち続けることもあるといった解釈が成り立つでしょう。

さらに、この言葉が示すのは、「学び」という軸を持って、若いうちから老年まで人生を送り続ければ、その学びが背骨のような一本の軸を作り、疑いや迷いのない人生を送れるということ。この言葉を読むと、「いま人生に迷っている」「なんだか人生がおもしろくない」と感じる人ほど、「死んでも朽ちない」という勢いを持って何か学ぶ人生を送れば、その積み重ねが人生の軸を作るのではないでしょうか。

また、**「実を臍下に蓄え、虚を臍上に函れ」**という言葉も興味深いものです。これは、臍の下は充実させ、臍の上はリラックスさせるということ。体の上半分を柔軟に、下半分をどっしりと充実させるという心身のバランスを取る臍下丹田の鍛錬法です。私も呼吸法には高い関心をもっており、この鍛錬を実践したことがあります。呼吸法や精神の持ち方に通じるこの考えは、忙しい現代生活にこそ取り入れるべきものかもしれません。

このように『言志四録』の格言は、単なる知識にとどまらないものばかりです。読み込むほどに、読者に生き方を問いかけ、人生の心の糧となってくれるはずです。

佐藤一斎『言志四録』川上正光・全訳注、講談社学術文庫（全四巻 一九七八～八一年）

# 第二章

# 童心を思い返す

## 十代の荒ぶる魂を蘇(よみがえ)らせる

### 『ライ麦畑でつかまえて』J・D・サリンジャー

読書とは、ひとつの「体験」です。「読書よりも体験が大事だ」という考えもあるでしょうが、読書は新たな体験の動機を生んでくれる上、自分の過去の体験を言語化するひとつの手段にもなります。また、登場人物に感情移入しているとき、私たちの脳はリアルな体験をするのと近い動きをしているとの説もあるほどです。

かつて誰もが持ち続けていた荒ぶる魂を、追体験させてくれる一冊。それが、J・D・サリンジャーが一九五一年に発表した小説『ライ麦畑でつかまえて』です。

物語は、十六歳のホールデンが高校を退学になり、地元に帰るまでの数日間を描いています。彼は、大人の世界に飽き飽きしており、社会にあふれる「いんちき」に絶望しています。

「社会は汚らしくて、きつい。自分という無垢(むく)な魂を殺しにくるものだ」「社会のシステムなんて受け入れられない」という感覚を持つのは、誰しもが人生で一度は通る道です。そんな落ち着かなさや、何かに反抗するエネルギーは、少年らしいものです。本書でも、ホールデンが社会システムに感じる反発の言葉が、次から次へとあふれ出て止まらない状態がよく伝わってきます。

とにかく素晴らしいのが、主人公の高校生・ホールデンの語り口調です。私たちも、十代くらいの若者の言葉を聞いたら、「あ、若々しいな」と感じるものですが、本書の文体にもその瑞々(みずみず)しい感性が行き渡っています。

たとえば、退学になったホールデンが、お世話になったスペンサー先生に挨拶に行った時のこと。年配の先生から「人生は競技だ」と諭され、心の内でこう考えます。

競技だってさ、クソくらえ。たいした競技だよ。もしも優秀な奴らがずらっと揃(そろ)ってる側についてるんなら、人生は競技で結構だろうよ――そいつは僕も認めるさ。

ところが、優秀な奴なんか一人もいない相手方についてたらどうなるんだ。そのときは、人生、なにが競技だい？　とんでもない。競技でなんかあるもんか。

こんな十代の叫びを聞いていると、「自分にもそんな鬱屈した時期があったな」という記憶が蘇ってくるものです。

白水社より野崎孝さんの訳で刊行され、広く親しまれている邦訳タイトル『ライ麦畑でつかまえて』は、非常にかわいらしい語感がありますが、実は原題『キャッチャー・イン・ザ・ライ』は、「ライ麦畑で何かを捕まえる人（キャッチャー）」という意味です。この言葉は、ホールデンが将来の夢を語ったときに発せられたものです。

とにかくね、僕にはね、広いライ麦の畑やなんかがあってさ、そこで小さな子供たちが、みんなでなんかのゲームをしてるとこが目に見えるんだよ。何千っていう子供たちがいるんだ。そしてあたりには誰もいない――誰もって大人（おとな）はだよ――僕のほかにはね。で、僕があぶない崖のふちに立っているんだ。僕のやる仕事はね、誰でも崖から転がり落ちそうになったら、その子をつかまえてやることなんだ――つまり、子供たちは走っているときにどこを通っているかなんて見やしないだろう。そんなときに僕は、どっからか、さっととび出して行って、その子をつかまえてやらなきゃならないんだ。一日じゅう、それだけやればいいんだな。ライ麦畑のつかまえ役、そういったものに僕はなりたいんだよ。

本当ならば『ライ麦畑でつかまえ手』となるタイトルを、『ライ麦畑でつかまえて』と翻訳したセンスの良さを感じます。

また二〇〇三年には村上春樹さんによる邦訳版も刊行されています。どちらの訳文にも純粋な十代の心が描かれているので、両者を読み比べてみるのもおすすめです。六十代になって失われつつある社会への鬱屈や少年時代の繊細な感性を、本書を通じてぜひ思い出してみてください。

J・D・サリンジャー『ライ麦畑でつかまえて』野崎孝・訳、白水Uブックス（一九八四年）
『キャッチャー・イン・ザ・ライ』村上春樹・訳、白水社（二〇〇三年）

## 「動物と話せる」感覚を取り戻す

### 『ドリトル先生アフリカゆき』ヒュー・ロフティング

動物と話せる感覚というものは、子ども時代は、案外誰しもが抱いたことがあるのではないでしょうか。近所の猫に話しかけてみたり、虫に質問してみたり……。なんなら、庭の植物に話しかけることだって、子どもにとっては日常茶飯事です。

この感覚は大人になるにつれて薄れてしまうものですが、どんな対象とも交流できる力を持っていると、人生は豊かになっていくものです。高齢の方が庭の木に「元気に育っているね」と声をかける様子を見ると、その内面世界の豊かさを感じます。

かつて自分が動物や植物と交流していた感覚。それを思い出させてくれるのが、児童文学の名作『ドリトル先生アフリカゆき』です。

本作は動物と会話ができる獣医師・ドリトル先生と動物たちが繰り広げる長編シリーズの第一作。無類の動物好きであるドリトル先生は、たくさんの動物といっしょに暮らし、オウムの「ポリネシア」から動物語まで習ったのです。そんなある日、ドリトル先生はアフリカでサルの疫病が蔓延（まんえん）しているという報を聞き、家にいる動物たちの一部を連れてのアフリカ行きを決断します。

動物の言葉を解するというのは、動物の気持ちになれるのと同じことでしょう。私は犬を飼っているのですが、その犬に向き合っていると、犬語はわからずとも、言いたいことがわかるような気がしてくるから不思議です。「そろそろ散歩の時間ですか」「ここを掻（か）いてくれませんか」「外出ですか、私を置いて行かないでください」と、背後に吹き出しが浮いているかのように、犬の想いが伝わってきます。それと同じように、ドリトル先生を読んでいると、子どもの頃に言葉を交わさずとも動物たちと気持ちを通わせていた感覚を思い起こさせてくれます。

邦訳版では、『山椒魚（さんしょううお）』などを書いた井伏鱒二（いぶせますじ）のものが有名ですが、愛される理由はその絶妙なワードセンスにあるのでしょう。たとえば、動物たちの名前も、犬の

「ジップ」、アヒルの「ダブダブ」、豚の「ガブガブ」など、ユーモアあふれるネーミングばかり。四本脚に頭が二つあるという動物の名は「オシツオサレツ」。

「これは、いったい、なんだね？」その奇妙な動物をじっと見て、先生がききました。

「おやおや！」と、アヒルがさけびました。「よくまあ、二つ頭で、考えが一つにまとまることだね。」（中略）

「先生、これは、」と、チーチーがいいました。「オシツオサレツです。アフリカじゅうでも、無類の動物、世界唯一の両頭動物です！（後略）」

読書の魅力は、「他者の目」を持ち、自分とは違う視点から物事を考えられる点です。たとえば、この作品内には人間社会への厳しい目線がちりばめられています。

そこで、動物園というのは、人間の国にあるもので、人間が見にゆくように、動物をおりに入れておく場所だ、と、チーチーが説明しました。サルたちは、ひじょうにおどろいて、口ぐちにいいました。
「人間というものは、ふんべつもない子どものように、たあいもないことをしてよろこぶものだ。シッ、牢屋（ろうや）のことなんだよ。」

さらに、ドリトル先生の物事の考え方は、大人から見ても非常に魅力的です。お金には大変無頓着（むとんちゃく）。もともとは人間の医者でしたが、さまざまな動物を家に飼うので餌代もかかるし、動物を怖がって患者も来ない。それを妹に咎（とが）められても、「**わしは、金払いのよい人間よりも、動物のほうが、かわいいのだ**」と切り返す。

お金や名誉といった人間だけの価値基準に囚われず、より広い視点を持つことを忘れない。こうしたドリトル先生の物事の考え方から、六十代が学ぶべきことはまだまだたくさんあるはずです。

ヒュー・ロフティング『ドリトル先生アフリカゆき』井伏鱒二・訳、岩波少年文庫
（初版：一九五一年、新版：二〇〇〇年）

## 時間に追われる日々、本当に大切なものを見つめなおす

『モモ』ミヒャエル・エンデ

ミヒャエル・エンデの『モモ』は、可愛(かわい)らしい女の子が「時間泥棒」と戦い、人々の盗まれた時間を取り戻す物語です。しかし、ただのファンタジーにとどまらず、我々が時間とどう向き合うべきかを深く考えさせてくれる作品でもあります。

ハイデガーが言うように、「人間は死ぬ」という前提があるからこそ、それに先駆けた覚悟が生まれます。『モモ』においても、時間泥棒(灰色の男たち)によって時間の節約を強いられた人間たちは、効率ばかりに気を取られ、本来持っていた仕事の楽しさや愛情を忘れていく姿が描かれます。また、多くの会社で**「時間は貴重だ——むだにするな!」「時は金なり——節約せよ!」**といった標語が掲げられるなど、効

率以外の価値を認めない殺伐(さつばつ)とした情景が広がります。

　時間泥棒が奪っていくのは、ただの「分」や「秒」ではなく、私たちが感じ取っていたはずの「生活の豊かさ」そのもの。物語を読み進めるうちに、時間の節約が生活を充実させるわけではないのだと、ハッとさせられます。

　たしかに、家族や友人と過ごすひとときや趣味に使う時間に対して、「タイムパフォーマンス」を考えすぎると、せっかくの味わいが失われてしまいます。最近の若い学生たちは、タイパを重視するがあまり、バイトや趣味に没頭するほうがよいと考え、飲み会を敬遠する傾向があります。しかし、それでは人間としての器も小さくなるし、人間関係が希薄となり、人生の楽しみも失われがちです。

　私自身、かなりタイパを意識するタイプで、会議時間や学生の発言時間をストップウォッチで計るほどですが、それはあくまで仕事には効率が求められるからです。生活の場面にも、効率を持ち込みすぎると、どうしても疲弊してしまいます。

　効率的な仕事の時間とは対照的なのが、野放図な「祭の時間」でしょう。祭で神輿(みこし)をかついでいるとき、「この神輿は何分でかつぎ終わらなければ損だ」などと気にする人はいないはず。仕事の時間を離れたら、祭や飲み会など、効率とはまったく無縁のゆったりした時間も必要なのです。

ほかにも、時間泥棒たちが運営する時間貯蓄銀行でのワンシーンは印象的です。時間泥棒たちは人間から盗んだ時間を葉巻にして、始終その葉巻を吸うことで、自分たちの命をつないでいました。時間貯蓄銀行の存在意義は、人間にばれないように盗んだ時間を管理することだったのです。しかし、モモをはじめとする子どもたちが時間泥棒の存在に気づいたことで、その発端を作った一人が裁判にかけられます。

「きみはいつから時間貯蓄銀行で働いているのか？」

「生まれたときからです。」

「あたりまえだ。よけいなことは言わんでよい！　生まれたのはいつだ？」

「十一年三か月と六日、八時間三十二分と——ただいまの瞬間に正確には——十八秒まえです。」

時間に関してだけは異様な関心の高さを示す時間泥棒の姿は、せかせかした働き方を求められる現代人に共通する部分があるかもしれません。現代社会で活躍してきた六十代にとって、セカンドライフの始まりは、こうした時間に対する向き合い方を変えるによいタイミングでもあります。エンデは作中でこう語っています。

**時間とは、生きるということ、そのものなのです。そして人のいのちは心を住みかとしているのです。**
**人間が時間を節約すればするほど、生活はやせほそっていくのです。**

ミヒャエル・エンデ『モモ』大島かおり・訳、岩波少年文庫（二〇〇五年）

以前よりもハードに仕事をしなくて済むのですから、効率性を過剰に考える必要はなく、もっと大切なものにじっくりと時間を使うことを考えるべきタイミングだとも言えます。『モモ』で描かれる時間の大切さを通じて、改めて自らの時間の過ごし方について、向き合ってみてはいかがでしょうか。

## 幼い頃の記憶を思い出し、自分の原点に立ち戻ろう

『きまぐれロボット』星新一

ショートショートの世界的な名手といえば、やはり星新一さんでしょう。その近未来的なＳＦ短編小説の多くには、たくさんの魅力が詰まっています。

私も、小学校一年生のとき自宅にあった『きまぐれロボット』を読んで以来、星新一さんの大ファンです。小学生から中学生の時分には、星さんの作品は爆発的に流行したので、友達の間で作品集を貸し借りしては、ワクワクしながら読み進めたのは、いまでもよい思い出です。

さて、ご紹介する『きまぐれロボット』の物語は、近未来が舞台です。とある博士から優秀なロボットを購入したエヌ氏でしたが、そのロボットはどうにもあまり働い

てくれません。「これは使い物にならない」と思ったエヌ氏は、博士にロボットの代金を返してほしいと要求すると、博士はこう切り返すのです。

「もちろん、故障もおこさず狂いもしないロボットも作れます。だけど、それといっしょに一カ月も暮すと、運動不足でふとりすぎたり、頭がすっかりぼけたりします。それでは困るでしょう。ですから、人間にとっては、このほうがはるかにいいのです」

星新一さんの作品は、すべての話に起承転結がはっきりしていて、「なるほど……」と思わず膝を打ったり、ハッとさせられたりするようなオチが用意されています。その明快なストーリーから、幅広い年齢層に愛されているのも特徴です。

以前、小学生の子どもたちと一緒に星新一さんの作品を読んだら、どの子も夢中で読み続けていました。子どもから大人まで誰もが時間を忘れて楽しめる。こんな普遍的な作品は、なかなかないのではないでしょうか。なお、挿絵は和田誠さんが担当しているのですが、そのイラストが作風に非常にマッチしていたのも印象深いです。

しかも、納得感のあるストーリーに加えて、ジョークが効いているのも星新一作品の魅力のひとつ。たとえば、同じく『きまぐれロボット』に収録されている『新発明のマクラ』という短編では、エフ博士が発明した「寝ている間に学習できるマクラ」が登場します。そして、エフ博士はこの新発明のマクラを「英語がうまくなりたい」というおとなりのご主人へと貸してあげるのです。

しかし、「使ってもいっこうに英語は上達しない」とご主人は枕を返しに来ました。故障はしてないのにおかしいなと頭をひねるエフ博士ですが、道でおとなりの女の子に会った際、お父さんの様子について聞いてみます。


「そのご、おとうさんはお元気かね」

「ええ。だけど、ちょっとへんなことがあるわ。このごろ、ねごとを英語で言うのよ。いままで、こんなことなかったのに。どうしたのかしら」

眠っているあいだの勉強が役に立つのは、やはり、眠っている時だけなのだった。

苦労せずに覚えた知識は、やはり身にはつかないということ。なんとも皮肉が効いたオチだといえるでしょう。

もう一点、星新一さんの作品で驚嘆するのが、未来予測の正確さです。現代におけるテレビ電話や携帯電話、クローン技術やＡＩの出現を思わせるような描写がいくつもあります。星新一さんの作品が書かれた時点では、まだまだＳＦの物語だったかもしれませんが、いまでは実現化しているものも多々登場します。

子供の頃にワクワクしながら読んだ未来の世界に私たちはいま生きているのかもしれません。「星さんは昔からこんな未来を見通していたのか」という、その科学知識や確かな先見性に裏打ちされた想像力に面白みを感じるのも一興です。

星新一『きまぐれロボット（新・名作の愛蔵版）』（和田誠・絵）理論社（一九九九年）

# 「居場所」を持つことの大切さを知る

『窓ぎわのトットちゃん』黒柳徹子

国民的スターの黒柳徹子さんの存在は、みなさんよくご存じでしょう。以前、私も『徹子の部屋』に出させていただき、何度かお会いしたことがあります。その収録中に驚いたのは、黒柳さんが赤いマジックペンでゲストへの質問や情報をメモしていて、ずらりと並べていたことです。

黒柳さんといえば、ライブの女王という異名を持つだけに、人のお話を聞きだすのが大変お上手です。その質問は、てっきりスタッフの方が用意しているのかと思っていたのですが、黒柳さんご自身が用意していることを知り、とても驚きました。ここまでゲストに深い思いやりを持って向き合う方は、日本の芸能界には少ないのではないかと思います。

そんな黒柳さんの幼少期を綴ったのが、『窓ぎわのトットちゃん』です。黒柳さんはとにかくおしゃべりだったため、小学校一年生で学校を退学になります。戦争に突入していく一九四〇年代の日本では、周囲と違う異質な子どもは排除される風潮がありました。しかし一方で、そんな子どもたちを受け入れていた学校もありました。

東京・自由が丘にあった「トモエ学園」です。この学校では子どもを型にはめるのではなく、自主性を重んじるという先進的な教育を行っていました。

とにかくおしゃべりが好きなトットちゃんですが、普通の学校ではろくに相手にしてもらえなかったのに、トモエ学園では誰もがその言葉にじっと耳を傾けてくれる。周囲が自分を受け入れてくれるからこそ、「この学校は私の居場所なのだ」とトットちゃんは思うことができました。

また、学園の校長先生がたいそう理解のある方で、小学校時代の黒柳さん、すなわちトットちゃんに「君は、本当は、いい子なんだよ」という言葉を、常日頃から投げかけ続けていたのです。

校長先生は、トットちゃんを見かけると、いつも、いった。

「君は、本当は、いい子なんだよ！」

そのたびにトットちゃんは、ニッコリして、とびはねながら答えた。

「そうです、私は、いい子です！」

そして、自分でもいい子だと思っていた。


私自身も教育者なので、トモエ学園の教育のあり方はとても理想的だと感じます。また、この体験があったからこそ、黒柳さんはご自身の個性を存分に伸ばすことができ、現在でも唯一無二の活躍を続けているのではないかと思います。

そして、本書と一緒に読んでいただきたいのが『トットちゃんとトットちゃんたち』（講談社青い鳥文庫）です。この本は、ユニセフ親善大使になった黒柳さんが、世界各地の貧困や災害、戦争、飢餓などに苦しむ国を巡った際の記録です。特に印象深いのが、インドの病院で、破傷風でいまにも亡くなりそうな十歳くらいの少年に出会ったときのこと。

でも、その子は、一生懸命に何かいいました。私は看護婦さんに、なんていっているのか、聞きました。看護婦さんは、その、死にそうな子が、

「あなたの、お幸せを祈っています。」

と私にいっています、といいました。

私は言葉がありませんでした。

いまにも死んでしまいそうな子どもが、初対面の相手のために祈る。この美しい場面は、多くの人の心を動かすはずです。

なお、日本屈指のコメディエンヌでもある黒柳さんの文章には、笑いの要素も多々入り混じっています。ぜひ、テレビだけでは見られない黒柳さんの魅力を、本書を通じて知っていただきたいです。

黒柳徹子『窓ぎわのトットちゃん』講談社（初版：一九八四年、新組版：二〇一五年）

## 想像力の世界に浸り、現実に遊ぶ力を取り戻す

『赤毛のアン』L・M・モンゴメリ

心のなかに多くの〝余白〟を持っていると、人生はより豊かで味わい深いものになります。子どもの頃には誰しも持っていたような、想像力の世界で遊び、現実世界の刺激を楽しむ力を取り戻す上での大きな手助けとなるのが、『赤毛のアン』です。

主人公は、生後三カ月で両親を亡くし、その後、孤児院で育った少女・アン。十一歳になった彼女は、プリンス・エドワード島に住むマシュウとマリラの二人に引き取られることになります。悲しい環境を生きた彼女が得意とするのは、日々に楽しさを見つけること。なかでも興味深いのが、彼女は何にでも自分で名前をつけてしまうところです。以下は、養父となるマシュウの家へと向かう道中の言葉です。

でも、あそこを、〈並木道〉なんて呼んじゃいけないわ。そんな名前には意味がないんですもの——ええと——〈歓喜の白路〉はどうかしら？　詩的で、とてもいい名前じゃない？

場所でも人でも名前が気に入らないときはいつでも、あたしは新しい名前を考えだして、それを使うのよ。孤児院にヘプジバー・ジェンキンズという名前の女の子がいたけど、あたし、その子のことをいつもロザリア・ド・ヴィアと考えていたの。

ほかの人があそこを〈並木道〉と呼ぶのは構わないけど、あたしは、これから〈歓喜の白路〉と呼ぶわ。

この世界には、あらゆるものに名前があります。たとえば、上野の不忍池にしても、「篠が生い茂って輪のようであったから」などの理由から、誰かが名をつけている。その多くは想像力によって支えられています。そして、ひとたび名前をつけてみれば愛着が湧くから不思議なものです。自ら名づけたその道を歩くたびに、まるで友達が挨拶をしてくれているような温かさを感じることもあるでしょう。すると、心に豊かさが生まれ、精神的な強さを育んでくれるのです。

「あのね、あたしは、たとえ花でも、ひとつひとつに、ハンドルがついているほうが好きなの。手がかりがあって、よけい親しい感じがするのよ。ただゼラニウムと呼ばれるだけだったら、きっと、ゼラニウムが気を悪くするんじゃないかしら。おばさんだって、いつもただ女とだけしか呼ばれないのはいやだと思うわ。

そうだわ。あたし、あれをボニーと呼ぶわ。今朝は、二階の部屋の窓の外にある桜の木にも名前をつけたのよ。〈雪の女王〉というのにしたの。まっ白なんですもの。もちろん、いつもあんなに花をつけてるわけじゃないけれど、でも咲いてると想像できるでしょう？」

自分だけのアナザーワールドを持っていると、仮に現実でつらいことがあっても、その世界で遊び、生きることができる。恵まれない環境で育ったアンは想像力を活かして物語をどんどん紡(つむ)ぎあげることで、新たな世界を生みだしていきます。思い通りにはいかない現実をも楽しみきろうとする彼女の姿勢に、周囲の人々はどんどん惹(ひ)かれていくのです。

> 　これから発見することがたくさんあって、素敵(すてき)だと思わない？　あたし、しみじみ、生きているのがうれしいわ――世界って、とてもおもしろいところですもの。もし、なにもかも知っていることばかりだったら、半分もおもしろくないわ。そうしたら、ちっとも想像の余地がないんですものねえ。
>
> L・M・モンゴメリ『赤毛のアン（改訂版）』村岡花子・訳、講談社（二〇二二年）

自分だけのアナザーワールドを持ち、遊ぶ余裕のある人は、人間としての奥行を感じさせます。日々に忙殺される三十～四十代を経(へ)て、時間にゆとりが生まれるいまだからこそ、ご自身の奥行きを広げていただきたいと思います。

# 自らが若者の「光」となる

『私の生涯』ヘレン・ケラー

ヘレン・ケラーについてはみなさんもよくご存じでしょう。目が見えない、耳が聞こえない、話せないという三重苦を抱えた彼女の生涯は、非常に大変なものでした。まず言葉が全く理解できない状態から、言葉とは何かに気づき、本を読み、授業を受け、学習をする。そんななかから、人一倍の努力を重ねた末、やがて外国語の本も読めるようになり、本を書けるようにもなる。彼女の自伝である『私の生涯』を読むと、人間の能力の可能性について改めて驚かされます。

同作で最も有名な瞬間といえば、やはり「ｗａｔｅｒ」の概念を獲得した場面でしょう。言葉や名前という概念を理解していなかったヘレンが、片手に冷たい不思議な物体を感じたとき、家庭教師のサリバン先生が、もう片方の手のひらに「ｗａｔｅｒ」と綴ります。そこで彼女は初めて「言葉」の存在に気づきます。この体験は、彼女の魂を解放し、世界への扉を開くこととなるのです。

物事に名前があると知ることは、その対象への愛を生むきっかけにもなります。この直前に彼女は人形をバラバラに壊し、それを痛快に感じてもいました。しかし、「物事には名前がある」と知った後は、壊した人形にも名前があると感じ、後悔します。あらゆるものには名前があると気がついた瞬間に、すべてのものへの愛が生まれ、以降、彼女は新しい心の目で世界を見るようになったのです。

また、「ｔｈｉｎｋ」という抽象概念に触れることで、ヘレンは初めて「考える」という行為を理解するようになりました。

その時サリバン先生は私の額に手を当てながら、力づよく「考える(シンク)」と指話(しわ)されました。

稲妻(いなずま)のように、私はこの言葉がいま自分の頭の中に起こっている働きの名であることを悟りました。これが私が抽象的観念について、意識的な認識をもったそもそも最初であります。

ヘレンは大学に入学後、目が見えず耳も聞こえないなかで、シェイクスピアなどの世界の文学や歴史に触れ、深い感動を得ます。たとえば、『リア王』ではグロスターの両眼がえぐり出される場面に恐怖を抱いたそうです。目が見えないのに両眼がえぐられる情景を想像するとは、はたしてどんな感覚なのか。彼女の豊かな読書体験に触れるたびに、目が見える私たちが本を読まないとすれば、なんともったいないことかと思わずにはいられません。

余談ですが、彼女は江戸時代の全盲の学者・塙保己一を尊敬していたそうです。塙は自身の講義中、ロウソクの火が消えて部屋が暗くなり、生徒たちが慌てる様子を察し、「目が見えるということは、不便なものですね」と語ったことでも有名です。彼は国学・国史にまつわる古典を編纂し『群書類従』という本を作りましたが、全盲の人間がこれほどの大著を編むのはかなりの苦労だったはず。そんな彼への畏敬の念から、ヘレンは来日時に塙のお墓を訪ねたとも言われています。

そして重要なのが、のちに「奇跡の人」と知られるようになるサリバン先生の存在です。彼女は、ヘレンにただ教えるだけではなく、自分で考え、愛し、学び続ける手助けを続けました。ヘレンの可能性を信じ、根気よく支え続けたサリバン先生に対して、自伝の終盤、ヘレンはこんな感謝を述べています。

さて最後にいいたいのは暗黒の世界にいた私を導いて先生は、愛と夢とできれいにつむいだ、黄金の時と美しい思想の世界に連れて行ってくだすったことです。思想の蕾(つぼみ)は四方を壁に囲まれた私の精神の庭に柔らかく開きました。

ヘレン・ケラー『わたしの生涯』岩橋武夫・訳、角川文庫（一九六六年）

六十代になり、私たちは自分の人生を振り返る時間を持つと同時に、他者への影響力も考えるべき時期です。サリバン先生のように、私たちも誰かの「光」となれる可能性があることを、ぜひ忘れずにいたいものです。

## 自分の気持ちを表現する大切さを知る

『アンネの日記』アンネ・フランク

十四歳のユダヤ人の少女であるアンネ・フランク。第二次世界大戦下のオランダで、ナチスの迫害を避けるために隠れ家で不自由な生活を送っていた彼女は、「キティ」という架空の友人に向けて手紙を書く形で、心に秘めた感情や想いを、日記のなかに表現していきました。生前に彼女が書き綴ったその日記は、『アンネの日記』として、現在でも世界中の多くの人に読み継がれています。

日記は、単なる記録や報告ではなく、人間の内なる声を伝える重要な手段でもあります。私も小学校一年生のとき、毎日、絵日記を書くという宿題がありました。「今日は何をしたか」「その出来事についてどう感じたか」といった他愛もない話を書くのですが、担任の先生が毎日書いてくれるコメントが励みとなり、次の日も日記を書くモチベーションを生んでくれました。いまにして思えば、日記を書く習慣は、ただの宿題にとどまらず、自分の気持ちを表現する貴重な時間であったと感じます。

特に、アンネのように辛い状況に置かれたときにこそ、日記を通じて自分の気持ちを整理し、向き合う時間はとても重要なものです。

アンネ自身も、自分が日記を書く動機について、こう語っています。


いよいよ問題の核心、わたしがなぜ日記をつけはじめるかという理由についてですけど、それはつまり、そういうほんとうのお友達がわたしにはいないからなんです。

もっとはっきり言いましょう。十三歳の女の子が、この世でまったくひとりぼっちのように感じている、いや、事実、ひとりぼっちなんだと言っても、信じてくれるひとはいないでしょうから。

食糧不足やナチスによる迫害が深刻になるなかで、募る孤独や不安に耐えながら、時には絶望を感じたこともあったはずです。しかし、アンネはそんな状況にあっても、自分の感情をありのままに綴り続け、希望を見出していきます。

どんな不幸のなかにも、つねに美しいものが残っているということを発見しました。それを探す気になりさえすれば、それだけ多くの美しいもの、多くの幸福が見つかり、ひとは心の調和をとりもどすでしょう。そして幸福なひとはだれでも、ほかのひとまで幸福にしてくれます。それだけの勇気と信念とを持つひとは、けっして不幸に押しつぶされたりはしないのです。

特に、同じく〝隠れ家〟に住んでいた少年・ペーターとの恋をはじめ、素直に記された思春期の少女の繊細な想いには、誰しもが心動かされるでしょう。彼女の言葉を通じて、自分の気持ちを隠さず正直に言葉にすることがいかに大切かと感じ入ります。

現代の私たちはＳＮＳやブログで自分の気持ちを簡単に発信できますが、どこか人の目を意識しがちです。でも、アンネが抱いた「自分のために書く」という視点に触れると、忘れかけていた自己表現の本質をもう一度見出せます。
一方で彼女は、自分の文章を後世に伝えることに深い意義を感じていたようです。

ええ、そうなんです、わたしは世間の大多数の人たちのように、ただ無目的に、惰性(だせい)で生きたくはありません。周囲のみんなの役に立つ、あるいはみんなに喜びを与える存在でありたいのです。わたしの周囲にいながら、実際にはわたしを知らない人たちにたいしても。わたしの望みは、死んでからもなお生きつづけること！その意味で、神様がこの才能を与えてくださったことに感謝しています。

アンネ・フランク『アンネの日記 増補新訂版』深町眞理子・訳、文春文庫（二〇〇三年）

日記を書く行為は、ただの記録ではなく、自己と向き合う機会でもある。後世に伝える覚悟で、日記を通じて、ご自身の心情を表現してみてはいかがでしょうか。

# 青春時代、何でも話せる友人と語り合った日々を思い出す

『銀河鉄道の夜』宮沢賢治（みやざわけんじ）

宮沢賢治の『銀河鉄道の夜』は、少年ジョバンニが、友人カムパネルラとともに不思議な銀河鉄道に乗って旅をする物語です。

ジョバンニは、学校では、漁に出たまま帰らない父親のことを友人にからかわれ、家では病気で寝たきりの母親の世話に追われる日々を送っていました。ある夜、彼が一人で星空を眺めていると、突然「銀河ステーション」というアナウンスが流れ、銀河鉄道に乗ることになります。友人のカムパネルラとのふたりの旅のなかで、彼は様々な人や場面に出会い、生と死、そして本当の幸せについて考えていくのです。

旅を続けていくなか、ジョバンニはこの列車が、実は死者の乗る列車であることを

悟ります。

「亡くなった人が、夜空を列車で旅しながら、空へと昇り、天国へと向かっていく」という設定は、切ないながらも、非常に儚くて美しい。一度聞いたら、忘れられないものでしょう。

この作品が書かれたのは、宮沢賢治の最愛の妹であったトシが亡くなった時期でもあります。彼が妹の死の間際を描いた「永訣の朝」という詩も一緒に読んでいただくと、『銀河鉄道の夜』を書いた当時の彼の心境が伝わってくるはずです。

宮沢賢治の小説を読むたびに感服するのは、彼は普通の日本人に比べて、地水火風という四元素にまつわる想像力や感受性が非常に優れているという点です。

『銀河鉄道の夜』にも、そんな宮沢賢治の感性に満ちた美しい描写があふれています。たとえば、ジョバンニとカムパネルラの二人が乗る銀河鉄道が、さそり座の主星・アンタレスのそばを通りかかった際には、こんな情景が描かれています。

川の向う岸が俄かに赤くなりました。楊の木や何かもまっ黒にすかし出され見えない天の川の波もときどきちらちら針のように赤く光りました。まったく向う岸の野原に大きなまっ赤な火が燃されその黒いけむりは高く桔梗いろのつめたそうな天をも焦がしそうでした。ルビーよりも赤くすきとおりリチウムよりもうつくしく酔ったようになってその火は燃えているのでした。

こうした幻想的な自然にまつわる描写に加え、作品を通じて描かれるのが、ジョバンニとカムパネルラの深い友情です。少年たちのやりとりは、かつて友人たちと過ごした青春の日々を思い起こさせてくれるはずです。

「カムパネルラ、また僕たち二人きりになったねえ、どこまでもどこまでもいっしょに行こう。僕はもうあのさそりのようにほんとうにみんなの幸のためならば僕のからだなんか百ぺん灼いてもかまわない。」

「うん。僕だってそうだ。」カムパネルラの眼にはきれいな涙がうかんでいました。

「けれどもほんとうのさいわいは一体何だろう。」ジョバンニが云いました。
「僕わからない。」カムパネルラがぼんやり云いました。

生きる上で、何が一番大切なのか。そんな純粋な話を率直に語り合える友達がいることは、少年時代ならではの幸せな時間でしょう。

なお、この作品を読むときにおすすめしたいＢＧＭは、米津玄師さんのその名も「カムパネルラ」という曲です。どうやら、米津さんは大の宮沢賢治作品愛好家で、コンサートでは「春と修羅」の一部を暗唱したこともあると言われています。

この曲をかけながら『銀河鉄道の夜』を読んでもらうことで、宮沢賢治の不思議な作品世界に、より一層深く浸りきれるように思います。

宮沢賢治『新編 銀河鉄道の夜』新潮文庫（初版：一九八九年、改版：二〇一二年）

# 達成されなかった想いにもう一度火をつけよう

## 『グレート・ギャッツビー』F・スコット・フィッツジェラルド

かつて自分が達成できなかった想いというものは、達成された想いよりも、ずっと心に残るものです。『グレート・ギャッツビー』は、アメリカ中西部出身の青年が、上流階級の女性へのかなわなかった恋心を抱きながら、大富豪になって、もう一度彼女との恋を成就させようとするストーリーです。

物語の冒頭は、ギャッツビーの隣人であるニック・キャラウェイの一人語りから始まります。ニックは自分の家の隣には謎のお金持ちが住んでいて、夜ごとに驚くほど派手なパーティーを繰り広げているのだと耳にします。ある日、ニックは隣人のギャッツビーからの招待状を受け取り、パーティーへと参加します。

そこで出会った人々にギャッツビーについて聞いてみるものの、彼の顔や正体を知る人物はほとんどいません。そこで、たまたま同席した男とあいさつを交わしたところ、実はその人物こそギャッツビーであることに気がつくのです。

「私（わたくし）なのですが」と、いきなり口にする。

「えっ！」つい大きな声をだしてしまった。「これはどうも失礼なことを」

「ご存じかとばかり。いや、ホストとしては、けしからんことです」

ギャッツビーの顔が笑った。すっかり心得た人の顔――いや、それどころではない、どこまでも安心させてくれる表情だ。こんな笑顔に出会えることは一生のうちに四回か五回もあるだろうか。まず外界をしっかり見た顔が、その見てとった世界から絞り込んで、こっちだけ見ていてくれるというような、格別のありがたみがある。

物語が進むうちに、かつてギャッツビーは、ニックのいとこであるデイジーと恋に落ちたのだと聞かされます。二人は恋愛関係になるものの、彼が仕事でデイジーの元を離れた後、彼女は別の上流階級の男性と結婚してしまったのでした。

ギャッツビーが毎晩のように注目を集めるようなパーティーを開いていたのは、デイジーとの再会を望んでいたからこそ。自分のパーティーが評判になれば、いつかデイジーが家に来てくれるのではないか。同時に、成功した自分を彼女に見せることができるのではないかと考えたわけです。

さらに、極めつけは家選びです。ギャッツビーの家は、デイジーたちが住む家の反対側の岬（みさき）にあります。つまり、ギャッツビーの家からはいつでも彼女の家が見えるのです。そのことについて主人公が**「そういう偶然もあるんだね」**というと、女友達から**「ギャッツビーは、わざわざあの家を買ったの。入り江をはさんでデイジーと向き合う位置だから」**と聞かされます。その遠回りの執念たるや、すさまじい。しかし、そんなギャッツビーの激しい恋心は、非常に悲劇的な展開で、幕を閉じます。

人生誰しも、「昔、果たせなかった想い」というものを抱き続けることがあります。そして、その想いは、成功していくための原動力になることもあります。ギャッツビーにしても、デイジーとの果たせなかった恋心が、努力の源泉となったはず。そして、岬の向こうにある相手の家の灯りを見ながら、自分自身の心に火をつけることで、大きな成功を手にすることができたのです。

どんな人にも、そんな「果たせなかった想い」があるはず。

そんな源泉を見つけ出して、もう一度見直してみる。それが、あなたの「やる気」に火をつけてくれるかもしれません。

ちなみに本作は二度にわたって映画化もされています。一回目の主演はロバート・レッドフォード。二回目の主演はレオナルド・ディカプリオです。レッドフォード版は彼のハンサムぶりが際立っており、ギャッツビーのイメージにぴったりでした。作品が撮影された時代も映画の全盛期で、まさに「古き良き時代の映画」の代表作です。ディカプリオ版は、繊細さを抱え込んだ役柄が上手な彼ならではの仕上がりで、自分の心を満たすために、すごいパワーでのし上がったギャッツビーの心情が良く描かれていると感じます。原作と共にぜひ味わってみてください。

フィッツジェラルド『グレート・ギャッツビー』小川高義・訳、光文社古典新訳文庫（二〇〇九年）

## 「憧れの人」を持っていた感覚を思い出そう

『デミアン』ヘルマン・ヘッセ

『車輪の下』などで知られるヘルマン・ヘッセの代表作のひとつ『デミアン』。この小説は、主人公のシンクレールが、神秘的な内的世界を持つ年上の少年、デミアンに憧れる青春時代を描いた物語です。

物語の冒頭、シンクレールは、近所の同級生に弱みを握られ、いじめに遭(あ)います。毎日のように口笛で呼び出されては、お金を無心されたり、雑用を押し付けられたりと、家来のような扱いを受けるように。内心でいじめっ子を「悪魔」と呼びながらも、その支配から逃れることができず、彼の心身は消耗していくばかりでした。

しかし、デミアンという不思議な少年との出会いにより、事態は少しずつ変化していきます。ある日、シンクレールがいじめっ子と一緒にいる場面を見たデミアンは、彼の心を読んだかのようにいじめの事実を見抜きます。すると、翌日からいじめはピタリと止み、シンクレールはデミアンの持つ不思議な魅力にひかれていくのです。
どうやってデミアンがいじめを止めたのかは詳細には書かれませんが、とにかく彼は変わった少年です。その神秘的な様子は、外見にも表れています。

私はデミアンの顔を見た。そして彼が少年の顔ではなく、おとなの顔を持っているのを見たばかりでなく、さらにそれ以上のものを見た。それはおとなの顔でもなく、さらにある別なものであるのを、私は見たように、あるいは感じたように思った。そこには女の顔のある要素さえ含まれているようだった。特にこの顔は私には一瞬間、おとなのようでも子どものようでもなく、年をとってるようでも若いようでもなく、千年もたっているような、没時間的なような、われわれが生活しているのとは違った時勢の極印をおされているような気がした。動物、あるいは樹木、あるいは星はそういうふうに見えるかもしれなかった。

本書の命題は「自己探求を通じて、本来の自分を取り戻す」というもの。堕落と更生を繰り返しながら、自己の内的探求を続け、憧れていたデミアンのような強い精神性を持つ大人へと成長していくシンクレールの様子からも、「本当の自分の探究」というテーマが強く感じ取れます。象徴的なのが、あるとき、デミアンがシンクレールに送った一枚の紙に書かれていた文言でしょう。

「鳥は卵の中からぬけ出ようと戦う。卵は世界だ。生まれようと欲するものは、一つの世界を破壊しなければならない。鳥は神に向かって飛ぶ。神の名はアプラクサスという」

いままさに住んでいる世界から抜け出し、新たな世界へと進む。これは、まさに自己の探究と言えるでしょう。ヘッセの作品からは、西洋の価値観以上の広がりがあるものを探そうという強い意志を感じます。ドイツ人であったヘッセは、魂の探究を続ける上で、キリスト教的な価値観も学びつつ、それだけに満足しませんでした。「もっと大きな価値観があるのではないか」との想いから、東洋思想へ心惹かれ、仏教などから深い知識を習得しました。そのため、『デミアン』からは、ヘッセがめざした西洋と東洋の融合を深く感じます。

なお、アプラクサスとはヘレニズム時代に信仰された善と悪の両方の側面を持つ神の名前です。この本が書かれたのは、第一次世界大戦下で、多くの人が自身の善悪の基準がわからなくなるような、混沌とした時代でもありました。そんな善悪が区分しづらい時代だからこそ、ヘッセはこの物語を書いたのではないかと感じます。

誰しも若い日には、理想を追い求め、自らの魂の探究を行ったこともあるでしょう。憧れの人を持ち、その人の生きる様子を追いかけ、自らの理想を追い求める少年たちの姿に触れることで、そんな当時の高揚感を再び体感できるような気がします。

ヘルマン・ヘッセ『デミアン』高橋健二・訳 新潮文庫（一九五一年）

# 幼い日の情熱を実現させる

## 『古代への情熱』シュリーマン

高校時代に読み、「こんな人生を送れたらかっこいいな」と思ったのが、シュリーマンの『古代への情熱』です。本作は、神話の世界の話だと思われていたトロイア遺跡を発見したシュリーマンの自叙伝です。

シュリーマンは、少年時代、ホメロスの『イーリアス』を読み、トロイ戦争の伝説に魅せられ、以来、古代遺跡を発掘する夢を持ち続けました。そんな彼が遺跡発掘に向けて、まずおこなったのは財産づくりです。

強い情熱を胸に抱き、行動を続けたおかげで、彼は目標通りに出世を重ね、資産家になり、実際に遺跡発見に至る快挙を成し遂げます。その成功譚（せいこうたん）において、大きな武器になったのが外国語の習得でした。彼は財産づくりにおいて、遺跡発掘と好きな女性との結婚を強いモチベーションとし、そのためのファーストステップとして「異常な熱心をもって」外国語習得に励みます。

なかでもおもしろいのが、その外国語の習得方法で、「大きな声でたくさん音読すること、ちょっとした翻訳をすること、毎日一回は授業を受けること、興味のある対象について常に作文を書くこと、そしてそれを先生の指導で訂正すること、前の日に直した文章を暗記して、次回の授業で暗誦（あんしょう）すること」というもの。なかでも秀逸なのが、シュリーマンがロシア語を習得する際のエピソードです。

だれかにそばにいてもらって、その人に『テレマコスの冒険』を話して聞かせることができれば、進歩が早くなると思ったので、私は貧しいユダヤ人を一人、週四フランで雇い、ロシア語はひとこともわからないその男に、毎晩二時間私のところへこさせてロシア語の朗読を聞かせた。

たしかに、勉強とは誰かが近くにいないとやる気にならないものなので、シュリーマンの行動は非常に理にかなっています。こうした随所の工夫を見るたびに、彼の強い情熱を感じずにはいられません。その後、私も彼の真似をして、言語を習得したいときは、いろんな人にその暗唱を聞いてもらうようになりました。

その後、シュリーマンはトロイア遺跡の発掘へと乗り出しますが、その偉業は偶然や幸運の結果ではなく、自身の才覚による部分が大きかったのです。たとえば、シュリーマンが遺跡の場所に行ってみたところ、どうにも自分のイメージと違う。

「正直なところ、ごく小さな子どものころから夢にまで見たトロイアの広大な平野を眼前に眺めたとき、私はほとんど感動をおさえることができなかった。ただ、ひとめ見たとき、私にはこの平野が細長すぎるように思われたし、またここを訪れた考古学者のほとんどすべてが主張するように、もしピナルバシがほんとうにこの古代の都の区域内に建設されているとすれば、トロイアが海からへだたりすぎているように思われた」

その違和感から、シュリーマンは別の場所を掘る決断を下します。すると、見事にトロイア遺跡を掘り出すことに成功したのです。また、シュリーマンはトロイア遺跡で大量の財宝を発見しますが、すべてギリシャへと寄付しています。純粋な学問的情熱で遺跡発掘をしているので、見つけた財宝には執着をしない。金銭欲に走らず、純粋に自分の情熱を満たすために発掘を行ったその姿勢も見習いたいです。

この自叙伝は、創作を含んでいるのではと言われる部分もありますが、彼なくしてトロイア遺跡は発掘されていませんから、その功績は疑う余地がありません。

なお、シュリーマンが考古学を始めたのは四十歳を過ぎてからのこと。遺跡発掘を成し遂げるのは、五十一歳です。新たな挑戦に年齢は関係ないのだと痛感します。

幼き日に抱いた夢を何十年後に現実のものにしたシュリーマンのように、引退後、自分がかつて抱いたロマンを実現する。本書を読むと、そんなセカンドライフを目指そうという気合が湧いてくるはずです。

シュリーマン『古代への情熱―シュリーマン自伝―』関楠生・訳、新潮文庫（一九七七年）

# 第三章

# 物語を読む楽しみを再発見する

# 探偵小説のはじまりに触れる

## 『モルグ街の殺人』エドガー・アラン・ポー

実は、ミステリが大好きです。謎解き自体もおもしろいのですが、ミステリには何かしら厄介な問題を抱えた人たちが出てくるのを見て、「自分はそこまで問題を抱えていないから幸せだなぁ」と安心できるのも魅力のひとつかもしれません。

さて、そんなミステリ文学の始まりの作品ともいえる世界最初の探偵小説といえば、エドガー・アラン・ポーの『モルグ街の殺人』です。

この物語以降、名探偵が登場し、謎を解くという探偵小説のフォーマットが確立されました。また、いまでは当たり前に感じる暗号解読や怪奇の館といった要素も、ポーが自身の作品に巧みに織り込んだことで、後に続く作家たちに大きな影響を与えました。そうした大きな功績から、日本の作家・江戸川乱歩がポーに敬意を込め、自身のペンネームを作ったという逸話も有名です。私自身もミステリを愛する一人として、その作品に触れるたびに、ポーの偉大さやありがたみを感じてしまいます。

では、その内容とはどんなものなのでしょうか。『モルグ街の殺人』の物語は、パリのモルグ街で起きた母娘の残虐な殺人事件から始まります。しかし、現場は完全な密室となっていたため、警察もなかなか犯人を特定できないでいました。そこで、探偵役として登場するのが、洞察力に優れたオーギュスト・デュパンという男性です。

語り手である「私」の態度や様子などからデュパンが論理的思考を積み上げて、頭のなかで何を考えているかを言い当てるシーンは、非常に印象的です。

「たしかに小男だから、出るならヴァリエテ座がよかろうよ」

「まったくだね」と、つい答えてしまった私は、すっかり考え込んでいたために、ぴたりと調和したことを突拍子もなく言われたと気づくのが遅れた。一瞬の間をおいて、やっと頭がまわると、今度は心の底から驚いた。

デュパンはこの洞察力をもって独自の推理を発展させ、モルグ街で起こった混沌と
した殺人を、新聞の記事を手掛かりに、犯人を言い当ててしまいます。

はじめてこの作品を読み、探偵小説史上、最も有名ともいえるかもしれない犯人が明かされた際、その知的な分析に基づく展開の妙に感動しました。いま、ミステリに読みなれた人が改めて読むと、少し単純に感じられるかもしれない結末ではありますが、この作品が探偵小説の源流を作ったのだと思うと、その価値が一層際立ちます。

また、ポーの作品は、その推理のみならず、その文学的な香りも楽しんでほしいと思います。私自身は、高校時代の英語の授業の課題図書のひとつだったので、原文で読み、文学的な美しさを実感しました。英語の勉強がてら、日本語版と英語版を並べて読んでみると、さらに深く楽しめると思います。

余談ですが、ポーの他の作品である『アッシャー家の崩壊』にも、劇中には詩などが挿入されるなど、文学的な深みが表現されています。そして、物語の最後に描かれる崩壊のシーンは、特に印象的です。

突然、この道を走り抜けて光が射したので、こんな尋常ならざる光がどこから来るのかと思って振り向いた。私の背後には壮大な館とその影しかないはずだ。ところが光の正体は、血のように赤い沈む満月なのだった。

真っ赤な満月が、壁の崩壊とともに煌々（こうこう）と輝くこの場面。まさに映画のワンシーンのようで、いまだに私の頭にはその光景が鮮烈に残っています。

ミステリ作品を愛する方には、探偵小説というジャンルの始まりに触れる楽しみがある。そして、文学が好きな方であれば、ポーが生み出す文学作品の豊かさを堪能できる。ポーの作品を通じて、そんな二つの世界観を味わってみてください。

ポー『黒猫／モルグ街の殺人』小川高義・訳、光文社古典新訳文庫（二〇〇六年）

## 古い時代の洞察力を楽しもう

『バスカヴィル家の犬』コナン・ドイル

「探偵」ときけば誰しも名前を挙げるのが、コナン・ドイルが生み出した私立探偵シャーロック・ホームズでしょう。私も小学校の頃からホームズは大好きでした。ホームズと、助手役のワトスン博士が住んでいるとされたロンドンのベイカー街まで行き、ルーペを買って帰ってきたことがあるほどの大ファンです。

なぜ、こんなにもホームズは世代を超えて人気があるのかといえば、やはり尋常ではない分析力と観察眼にあります。たとえば、初対面でも、瞬間的に相手がどんな人物かを言い当ててしまうのです。

『緋色の研究』で、ワトスン博士に初めて会ったとき、ホームズは少し挨拶をしただけで、彼がアフガニスタン帰りの軍医だと見抜きます。

〝ここに医者タイプの紳士がいる。しかし雰囲気からすると、軍人らしくもある。ならば明らかに軍医だろう。黒い顔をしているから、暑い土地から帰国したばかりと見えるが、手首の色は白いから、もともと色黒なのではない。やつれた顔からもわかるとおり、ひどく苦労して、病気にもやられたらしい。左腕に怪我もしている。腕の動かしかたがぎこちなく、不自然だ。わが英国陸軍の軍医殿が、それほどの苦難に遭遇し、しかも腕に負傷までする暑い土地といったら、はたしてどこだろう？アフガニスタン以外にはありえない〟。ここまでの推理を重ねるのに、まさにまばたきするほどの時間もかからなかった。そこでずばり、アフガニスタン帰りでしょうと言ったら、きみはのけぞるほど驚いたというわけです

ホームズは、直感ではなく、観察から、すべての出来事に論理的に根拠をつけます。直感で自然現象を見ていたアリストテレス的世界観から脱却し、捜査に近代科学的志

向を持ち込んだ点が、十九世紀後半に登場したホームズの新しさだったと言えるでしょう。スマホで何でも調べられる時代だからこそ、古き良き時代の洞察力や観察眼の重要性を、ぜひホームズシリーズを通じて体感してほしいと思います。

ホームズには様々な作品があるのですが、完成度の高い長編としておすすめしたいのが『バスカヴィル家の犬』です。この物語は、「巨大な獣の犬が一族を襲う」という古い伝説を持つバスカヴィル家の当主チャールズ卿が、不審な死を遂げたところから始まります。ホームズとワトスンは、次の当主であるヘンリー卿が同じ運命に遭うことを防ぐために調査を開始していくのですが……。

途中、ホームズの敵役も登場し、知と知を戦わせる緊迫感あるシーンも多い。ホームズ作品群のなかでも非常に人気の高い長編作品となっています。

ホームズのもうひとつの魅力といえば、ワトスン博士の存在です。一見、平凡たる彼の存在が、ホームズのすごさを引き立ててくれる上、その何気ない一言がホームズにひらめきを与えることも多々あります。『バスカヴィル家の犬』のなかで、ホームズがワトスンの存在を高く評価する様子が描かれます。

世のなかには、自分自身には天才をそなえていなくても、その天才を刺激するというすばらしい力をそなえた人間がいる。というわけでね、わが親愛なるワトスン、ぼくはおおいにきみのおかげをこうむってるというのがほんとうのところなんだよ

「その人がいるからこそ、もう一人が輝く」という光景はよくあるものです。人気漫才コンビの爆笑問題で例えれば、切れ味鋭い太田さんの暴走を、相方の田中さんがうまく食い止めるからこそ、メリハリを感じて面白さが生まれるようなものです。

なお、原作小説の世界をより深く味わうなら、NHKで放送された『シャーロック・ホームズの冒険』シリーズも一見の価値ありです。ホームズ役のジェレミー・ブレットからは、英国紳士の魅力が強く伝わってきます。また、馬車から雑貨まで、細かな部分に時代の背景が良く再現されているため、シャーロック・ホームズの作品世界に浸るのにはうってつけです。

コナン・ドイル『バスカヴィル家の犬【新訳版】』深町眞理子・訳、創元推理文庫（二〇一三年）

## 怪奇に満ちた作品世界に浸り、読書の幅を広げる

『黒蜥蜴（くろとかげ）』江戸川乱歩

日本ミステリの基礎に、江戸川乱歩の存在は欠かせません。名探偵・明智小五郎（あけちこごろう）、そして小林少年ら少年探偵団の、怪人二十面相との戦いなど、時代・世代を超えて愛される作品があるなかで、『黒蜥蜴』は、まさに乱歩の美学が凝縮された作品です。

同作の主人公は、美貌の悪女で女盗賊「黒蜥蜴」。彼女は裕福な宝石商の娘を誘拐しようと企（たくら）み、明智小五郎がその陰謀を追いかけます。黒蜥蜴と小五郎の知恵比べがスリリングに展開されるなか、「美」や「悪」とは何かという根源的な問いも掘り下げられていくのも見どころです。

セリフや表現の一つひとつもとても美しく、冒頭の一節から、夜の闇や黒というテ

ーマに絡めた描写が続く様子も、江戸川乱歩の真骨頂と言えるでしょう。

　この国でも一夜に数千羽の七面鳥がしめられるという、或るクリスマス・イヴの出来事だ。
　帝都最大の殷賑地帯、ネオン・ライトの闇夜の虹が、幾万の通行者を五色にそめるG街、その表通りを一歩裏へはいると、そこにこの都の暗黒街が横たわっている。

　さらに、黒蜥蜴と明智小五郎が、対決を通してお互いに惹かれ合うというドラマも、単なる犯人対探偵という枠を超えた物語の妙を感じさせます。終盤、勝負に敗れた黒蜥蜴が自らの命を絶つとき、小五郎の腕のなかで彼女はこう呟きます。

「あたし、あなたに負けましたわ。なにもかも」
　戦いに敗れただけではない。もっと別な意味でも負けたのだということを、言外に含ませていうと、彼女はすすり泣き始めた。もうろうわずった両眼から、涙がとめどもなくあふれ落ちた。
「あたし、あなたの腕に抱かれていますのね。……嬉しいわ。……あたし、こんな仕合せな死に方が出来ようとは、想像もしていませんでしたわ」

私は、小説で読むだけでなく、美輪明宏さんの舞台版を何度も見に行きましたが、こちらもすばらしい。舞台版は江戸川乱歩の原作に、脚本を三島由紀夫が手掛けており、耽美な作品世界をより一層楽しむことができます。

乱歩の魅力は、ミステリという枠組みにとどまらず、怪奇性があり、時に変態的ともいえる発想にもあります。その代表的な作品といえば、『人間椅子』でしょう。

この作品は、ある椅子職人が外国人専用のホテルに置かれる豪華な椅子に潜んで生活するという奇妙な設定です。彼は椅子の内部に隠れ、座る人々を観察し続けますが、やがて自分が潜んだ椅子に座る一人の女性に恋をし、驚愕の結末へと結びつきます。

『屋根裏の散歩者』では、ある男が退屈を紛らわせるために屋根裏を徘徊し、他人の生活を覗き見する生活を始めます。男は次第に覗きだけでは飽き足らず、とある恐ろしい考えに囚われて……。他人のプライバシーを覗くことに快感を覚える主人公の姿は、現代のSNS時代にも通じるテーマだともいえるでしょう。

盲目の彫刻家が女性の体を触覚によって芸術として捉え、狂気的なまでに追求する過程を描いた作品『盲獣』も、視覚ではなく触覚によって美と恐怖が描かれる、乱歩らしいグロテスクな美やエロが詰まった物語です。

こうした乱歩の怪奇趣味は、いまの作家にはなかなか書けないものだと思います。

エドガー・アラン・ポーの影響を受けて、日本のミステリをひとつの文化として確立した江戸川乱歩の作風は、手塚治虫など後世の作家たちにも受け継がれていきました。軽快な探偵小説から暗い昭和の時代の雰囲気が色濃く反映された怪奇小説まで、幅広い作風には感嘆してしまいます。乱歩作品を読破することで、これまで触れたことのない、新たな読書体験ができるかもしれません。

江戸川乱歩『黒蜥蜴』春陽堂書店・江戸川乱歩文庫（二〇一五年）

## スリリングな展開で頭をすっきりさせる

### 『太陽がいっぱい』パトリシア・ハイスミス

ミステリが大好きな私にとって、パトリシア・ハイスミスは愛してやまないミステリ作家の一人です。

彼女の作品群でも特に有名なものは、映画化もされた『太陽がいっぱい』でしょうか。ハイスミスの描く作品は、スピーディーで緊迫感のある展開が多く、読み終わる頃には、まるで自分の脳がリフレッシュされたような爽快感を感じます。

ちなみに、本書の原題『The Talented Mr. Ripley』の「Ripley（リプリー）」は、主人公であるトム・リプリーの名から来ています。彼は非常に魅力的な人物なのです。

まず、すごいのは、その瞬発力と度胸。瞬間的な判断力と巧妙な嘘（うそ）を用いて、リプリーは数々の窮地を切り抜けていきます。

『太陽がいっぱい』では、リプリーは裕福な友人であるディッキー・グリーンリーフに成りすまし、贅沢な生活を送ります。そのなかで、次々と予想外のピンチに直面するものの、**「トムは肚を決めた。（中略）まばたきひとつで恐怖をあらわにしてしまうこともないようにする」**と、生き延びるためのアイデアを次々と繰り出し、その場その場で取り繕っていく。リプリーが次から次へと周囲から狙われつつもその追及をかわす様子は、多くの球が飛んでくるのを必死でよけるドッジボールのプレイヤーさながら。読んでいるこちらもハラハラさせられて、目が離せません。

彼が追い詰められ、または自らを追い込んでいく場面には、人間の心の脆さや野望が絡み合い、私たち読者の心に深く残るものがあります。

リプリーは、ときには散財したり、殺人まで犯したりする犯罪者ではありますが、彼が持つ人間的な魅力やその計画性の裏に潜む知性に、つい引き込まれてしまいます。決して粗暴な犯罪者ではなく、むしろ知的で、時には感情的な部分も見せる彼のキャラクターは、他の犯罪小説の主人公とは一線を画しています。知恵や洞察力、瞬間的な機転が光る場面がいくつもありますが、特に『太陽がいっぱい』では、その知性が最大限に発揮されます。

「過去の汚点は清算された！　ディッキーとの間に何が起こっても、トムは自分の役をうまく演じるつもりだった」「彼はそのとき、すばらしいことを思いついていた。自分がディッキー・グリーンリーフになればいい。ディッキーのやっていたことがすべてできる」などの描写を見ても、彼は自分の知力に強い自信を持っていることがわかる。その根底には、ハイスミスという女性作家の頭の良さがあるのでしょう。

この作品が一九六〇年に映画化された際には、二〇二四年に亡くなったアラン・ドロンが主演を務めています。彼の美しさとリプリーの複雑なキャラクターが融合し見事です。邦題の『太陽がいっぱい』のとおり、リプリーがヨーロッパの明るい太陽の下で過ごす贅沢な生活と、それに潜む闇を見事に映し出しています。また、マット・デイモン主演の『リプリー』（一九九九年）にも別の魅力があります。

ハイスミスはトム・リプリーを主人公にした作品を多々書いています。たとえば、ヴィム・ヴェンダース監督が映像化したことで有名な、リプリーが他人との関係を巧みに操り、危機を乗り越えていく様子が描かれるシリーズ第三作『アメリカの友人』。そのほか、『贋作』や『リプリーをまねた少年』などの作品もあるので、リプリーという主人公に馴染んだ方は、ぜひ読んでみてください。

なお、リプリーは登場しませんが、ハイスミスは短編も秀逸です。私のおすすめは、『11の物語』（早川書房）です。一つひとつの作品に知性が光り、どれも脳を刺激してくれます。

ハイスミスの作品は、描写一つひとつに知性が感じられる点が特に魅力だと私は思います。彼女の描くキャラクターやストーリーは人間の単純ではない感情や心理の動きを深く掘り下げています。彼女の作品を読んでいると、その精緻な構成とテンポのよい展開に、頭がどんどんクリアになっていく感覚があるのですが、この「頭の良くなっていく感覚」こそがハイスミス作品の醍醐味でしょう。読み終わった頃には、心地よい緊張感とともに、爽快な読後感が待っているはずです。

パトリシア・ハイスミス『太陽がいっぱい』佐宗鈴夫・訳、河出文庫（二〇一六年）

# 自分の内面を見つめなおす

『春にして君を離れ』アガサ・クリスティー

アガサ・クリスティーの名前を聞くと、まず思い浮かべるのは『オリエント急行の殺人』や『そして誰もいなくなった』といったミステリの名作ではないでしょうか。映像化されたものも多く、名探偵のエルキュール・ポアロや安楽椅子探偵のミス・マープルが謎を解き明かす姿には、多くの人々が魅了されてきました。私も英語の勉強用に『オリエント急行の殺人』の全文を朗読ＣＤで楽しんだことがありますが、流れるような英語を聴き、クリスティーの才能を再認識したものです。

しかし、本書でご紹介する『春にして君を離れ』はいわゆるミステリではありません。誰かが殺されることもないし、何かが盗まれることもない。クリスティーの作品のなかでは、異色と言えるかもしれません。

　主人公ジョーンは二十八年にわたって結婚生活を送り、夫や子どもたちに頼られ、愛されてきたと信じています。しかし、旅先の列車内で一人静かに時間を過ごしていると、偶然かつての旧友に再会します。「何日も何日も自分のことばかり考えてすごしたら、自分についてどんな新しい発見をすると思う？」という友人の問いかけに、最初は「自分自身について、これまで気がつかなかったことなんてあるものかしら？」と返答していたジョーンですが、旅を続けるうち、次第に「本当の私はどんな存在だったのか？」と自問をはじめます。そして、気づくのです。いままで信じていた自己像が実は独りよがりだったことに。

　私たちも、家族や周囲の人たちからどう思われているかを考えることがあるでしょう。自分では「こう見られているはず」と思っていても、実際には全く違った見方をされていることは多々あります。私も以前子どもに「パパってうちの家族で一番存在感ないよね」と言われ、「え？　自分は家の中でそんなに存在感ないの？」と戸惑ったことがあります。本作『春にして君を離れ』も、そうした個人が描く自己像と他者からの視点のズレに焦点を当てた作品です。

この作品の魅力は、何も大きな事件が起きていないのに、主人公の内面的な変化が読者に大きな衝撃を与える点です。私たちも、日常生活でふとしたきっかけで「もしかして、自分は実はこう思われていたのかも……」と認知する瞬間があります。

自己像とのズレを認めるのは、決して簡単なことではありませんが、この作品を読むと、そうした自己の振り返りも一種の「内面の旅」として捉えることができます。

ジョーンも、旅先でこれまで向き合ってこなかった自分の姿に直面し、愛する夫や子どもたちに与えてきた苦しみを想い、苦悩します。


愛している人たちのことなら、当然知っているはずなのに。

わたしがこれまで誰についても真相を知らずにすごしてきたのは、こうあってほしいと思うようなことを信じて、真実に直面する苦しみを避ける方が、ずっと楽だったからだ。

はじめてこの作品を読んだとき、「これほど静かな作品がこんなに心を揺さぶるとは」と驚きに堪えませんでした。ジョーンが家に帰るまでの間に思い返す自分の人生、家族との関係性、それまでの自己認識が崩れていく過程が非常に丁寧に描かれているところに、クリスティーの鋭い観察力と心理描写の深さが現れています。ミステリとはまた違った切り口で、私たちに「自分探し」の重要性を教えてくれるのです。

子育ても落ち着き、自分を振り返るジョーンの姿は、特に六十代になった私たちの心を揺さぶります。人生の大半を家族や仕事に捧げてきた我々が、自分自身と向き合う時間が増えたいま、過去を振り返り、自己認識と現実とのギャップに気付くことも多いでしょう。もしかしたら、職場でも家庭でも「頼られている」と思っていた自分が、実は全く違う目で見られていたのかもしれない。そのズレに気付いた時に、どんな感情を抱くでしょうか。ときにはネガティブなものに遭遇することもあるかもしれませんが、そんな新たな自分の発見も、読書の楽しみのひとつだと思います。

アガサ・クリスティー『春にして君を離れ』中村妙子・訳、
早川書房・クリスティー文庫（二〇〇四年）

## 「中年だっていいじゃない」という気持ちになる

### 『フロスト日和(びより)』R・D・ウィングフィールド

私がミステリ作品を読むときの目安にするのが、年に一回宝島社が発表している「このミステリーがすごい!」のような、年間ベストランキングです。毎年、ランキングの一位の作品から順番に読んでいくのですが、出るたびに上位にランクインしていたのが、ウィングフィールドの『フロスト』シリーズでした。

このシリーズの主人公はイギリス人の警部であるジャック・フロスト。彼が住むロンドン郊外の田舎町であるデントンを中心に、町で起こる数々の事件が描かれます。

私はこのフロスト警部のシリーズを六作全て読んでいるのですが、一冊あたりのページ数は非常に多い。たとえば、デントンの街で連続婦女暴行魔が出没し、公衆便所に浮浪者の死体が見つかるなどの事件が勃発(ぼっぱつ)した『フロスト日和』の場合、なんと総ページ数は七百ページを超えています。最初は「こんなに厚くて読めるだろうか」と恐れすら抱くのですが、一度読みはじめると、デントンという街の人間模様に引き込まれ、「この街での時間が終わってほしくない」とさえ思ってしまうほど、どっぷりと浸ってしまうのです。

さて、同シリーズを読むときのおすすめの読み方は、謎解きよりも、フロスト警部から醸(かも)し出される「おじさんのよさ」を楽しむことです。フロスト警部は、日本の昭和のおじさんのようなキャラクターです。下品なジョークは飛ばすし、すぐにタバコ吸うし、汚いし、服はヨレヨレだし、書類の処置も苦手だし、口も悪い。

直感は優れているものの、その直感をことごとく的中させるような天才肌ではありません。彼が真価を発揮するのは、その粘り腰です。事件のたびに、粘りに粘ってなかなか家にも帰らないため、どんどん服も体も薄汚れていきます。汚れていて、臭くて、ハラスメント的言動が多いおじさんの典型例ともいえるのです。

令和の時代にはまったくふさわしくないおじさんですが、これがフロストシリーズの魅力だと私は思います。

たとえば、事件の捜査中。詳しい情報を渡そうとしない店主に対して、フロストは平気でこんな言葉を投げかけます。

「悪いけど、ハリー、そうはいかない。おれたちお巡りは、犯人は自分たちの手でパクって、自分たちの手でぶん殴ることにしてる。おれたちに許された、数少ない楽しみのひとつなんだよ。それより、金を詰めてた鞄というのは？」

普通の警察官なら間違いなくハラスメントと言われる言動ですが、この会話もおもしろい。感覚としては、昭和時代の志村けんさんのコントを見ているような感覚に近いでしょうか。また、ときには留置所に入っている収監者に、酒を渡してほしいという無茶なお願いをして、巡査部長に怒られるという一幕もあります。

ウェルズは怒鳴った。「収監者に酒を与えられるわけがないだろうが。それに、ジャック、あんただって、あいつがどういうやつか知ってるはずだ。ひと口でも呑ませると、あいつはやたらと小便が近くなる。ところかまわず小便をするようになる。トラ箱の床だろうとどこだろうと」
「あんたの悪いとこは」とフロストは、たしなめるように言った。「他人にあまりにも完璧を求めすぎるとこだよ」

こうした会話やフロストの人柄に惹かれ、気づけば、どんどんページを進めてしまいます。令和の時代、おじさんはその存在自体が「ハラスメント」と言われ、なかなか肩身が狭いものですが、一方で、そんなおじさんたちが自由であった時代に懐かしさを感じる人も少なくありません。
フロストを読むと、そんな昔の時代の感覚を彷彿（ほうふつ）とさせられるので、自分のなかに眠っていた「おじさん要素」を、読書中だけでも起こしてみてくださいね。

R・D・ウィングフィールド『フロスト日和』芹澤恵・訳、創元推理文庫（一九九七年）

## かたくなった心をやわらかくしたいときに読む

### 『オー・ヘンリー傑作集』オー・ヘンリー

最近、心が少しかたくなり、物事を素直に受け入れられない。そう感じたときにこそ読んでいただきたいのが、アメリカの小説家、オー・ヘンリーの短編です。

オー・ヘンリーは短編を得意とする作家で、寓話(ぐうわ)性のあるシンプルなストーリーのなかに深みを感じる作品を多数発表しています。私自身、中学生の頃に初めて彼の作品に触れたとき「こんなに短くて面白い話があるのか」と驚いたのですが、以降、年を重ねるにつれて、その魅力は増し続けています。

作品のなかでも有名な『最後のひと葉』。これは、窓から見えるツタの葉がすべて落ちたときに自分の命も尽きると信じている入院中の女の子の物語です。

少女の命が葉と結びついているという設定は、物語に独特の緊張感を与えます。ある嵐の夜を経ても、なおその最後の一枚が残り続けたとき、彼女は同じように強い生命力を持って生きようと、希望を見出します。

そして、後日、実はその葉は、近所に住む画家ベアマンが壁に描いた絵であったことが判明します。画家は彼女を励ますため、危険な嵐の日の夜に絵を描き、自らの命を落としたのでした。

「ねえ――窓の外を見て。壁に張りついてる、あの最後のツタの葉よ。風が吹いても、全然揺れたり動いたりしなかったのを変だと思わなかった？　そうよ、ジョンジー、あれはベアマンさんの遺(のこ)した傑作なの。あの人が絵の具で書いたのよ。ほんとうの最後のひと葉が落ちた夜にね」

この結末を知ったとき、無償の愛によって得られるなんともいえない感動が胸に広がるはずです。余談ですが、私は、この物語を読むとき、太田裕美(おおたひろみ)さんが歌った「最後の一葉」という歌を思い出します。松本隆さんの歌詞がすばらしいこの曲を聴きながら本作を読むと、一層深い情感が湧き上がります。

『賢者の贈り物』は、「自分たちにとって本当に大切なものは何か」を問いかけてくれる作品です。本作は、若い夫婦がクリスマスに互いへの思いやりを示す姿を描いています。夫は妻の美しい髪のために櫛を、妻は夫が祖父・父から受け継いできた立派な懐中時計に合う鎖を贈りたいと願うのですが、夫婦は貧しかったため、夫は時計を売り、妻は髪を切って、それぞれプレゼントを用意します。当日、二人が交換したプレゼントが、実はお互いが大切にしていたものを手放して手に入れたものだったとわかる瞬間、その純粋な愛に心を打たれるでしょう。

この贈り物の交換は、一見、愚かな行為に見えるかもしれませんが、最後にはこんな一言が添えられています。

だが、現代の賢明なるみなさんに、最後に申しあげよう。贈り物をするあらゆる人々のなかで、このふたりはだれよりも賢明だ。贈り物を与えたり受けとったりする人々のなかで、これほど賢明な者はいない。ほかのどこにも、けっしていない。
このふたりこそ、ほんとうの賢者だ。

この話は、キリスト教の教えにも通じるものがあります。マザー・テレサが語ったように、「余った小銭を寄付する」のではなく、「自分のなかの最良のものを与える」ことこそが大切なのです。

そのほかにも、『忙しい株式仲買人のロマンス』や『水車のある教会』など、都会で懸命に働く人々の小さな日常に潜むドラマが鮮やかに描かれています。

オー・ヘンリーの作品は、いうなれば、心に潤いを与え、柔らかさを取り戻す助けをする「心の保湿クリーム」のような存在です。心が疲れたとき、心をほぐしたいとき、ぜひこのオー・ヘンリーの短編集を手に取ってみてください。日々の喧騒(けんそう)のなかで忘れがちな「何が本当に大切か」という問いに向き合えるはずです。

『オー・ヘンリー傑作集1　賢者の贈り物』越前敏弥・訳、角川文庫（二〇二〇年）
『オー・ヘンリー傑作集2　最後のひと葉』越前敏弥・訳、角川文庫（二〇二一年）

## 鋭い言葉で自分の心を刺激する

### 『両手いっぱいの言葉―413のアフォリズム―』寺山修司

寺山修司は昭和の劇作家として絶大な人気を誇り、「書を捨てよ、町へ出よう」などのメッセージが当時の若者たちから支持を集めました。そんな寺山は、短い言葉で真理を言い当てるアフォリズムに長けた人でもあります。

この『両手いっぱいの言葉』に集められているのは、寺山の、たった一言で私たちの考えを覆すような鋭い短文ばかりです。

たとえば、「自分たちにしか通じない言葉をもつのが恋人同士である」という一文。恋人同士は、二人だけで共有する特別な言葉やあだ名があるからこそ、その親密さが生まれるのだと、寺山は言い当てています。

また、**「蝙蝠傘（こうもりがさ）は、世界で一ばん小さな、二人のための屋根である」**という一言も、短いながらも深い意味を含んでいます。このように、寺山の言葉は一つひとつがまるで最高級のキャッチコピーのように、読んだ瞬間に心に深く残るのです。

**「どんな鳥だって想像力より高く飛ぶことはできないだろう」**という一言からは、想像力こそが人間の本当の翼なのだと感じさせてくれるあたりに、寺山修司の言葉の使い方のカッコよさがあふれています。

あるいは、**「鳥はとんでいるときには決して下を見ないものなんだよ」**という言葉のように、何かにチャレンジするときは下を見ず、前を向いて進むべきだという前向きなメッセージを伝えるものまで、幅広いのです。

寺山修司のアフォリズムは、ただの言葉遊びではなく、私たちの心に何かを訴えかけます。時にはその鋭さにドキッとさせられることもあります。**「人間の肉体は鍵（かぎ）のかからない密室です」**という言葉を読んだ瞬間、ぞわぞわとした感覚が胸を襲い、「おや、どういう意味だろう？」深く考えさせられます。このように、寺山の言葉は単なる表現の枠を超えて、読者の想像力を刺激し、考えさせる力があふれています。

「ニヒリズムに徹するのは、体力のいることなのだよ」という言葉も、読んだ瞬間に思わず考え込んでしまう一文です。ニヒリズムとは虚無主義を意味しますが、たしかに「どんなことにも意味がないのだ」と虚無的な気持ちを持ちながら生きるのは、おそらく相当しんどいものでしょう。

なかには、ユーモアを感じる文章もあります。「誰かがふとりはじめると、べつのところで誰かがやせはじめる」という言葉は、まさに寺山らしい風刺的な表現があふれています。ちなみに、これは『大山デブコの犯罪』という作品からの引用ですが、このフレーズからは、作品との関係性や「この文章はいったいどういう意味があるのだろうか?」とつい想像が膨らんでしまいます。

そのほかにも「なみだは人間の作るいちばん小さな海です」「なみだは、にんげんがもっているいちばん透明な宝石です」「かなしみはいつも外から見送っていたい」など、短くて情感あふれる言葉も少なくありません。

「人間は死ぬべきときに死なず、ただその時期が来たら死ぬもんだ」「人間は、中途半端な死体として生まれてきて、一生かかって完全な死体になるんだ」という言葉には、寺山独特の死生観が垣間見えます。この考え方は、「死ぬと人間の形がしっかりする」と語った小林秀雄の『無常という事』とも通じるものがあります。

寺山のアフォリズムがここまで鋭く、心に残るのは、彼が劇作家としてセリフに命を吹き込む力を持っていたからでしょう。漫画のセリフと少し似ていますが、舞台の言葉は、その場面でその人物がその瞬間に言うからキレ味が生まれます。小説だと一人のセリフがどんどん長くなってもよいのですが、舞台の場合は一人が長くしゃべるケースはあまりないので、スッと短く、頭に入る言葉が求められるもの。

舞台上でのセリフが観客の心を摑むように、彼のアフォリズムも、短く鋭い言葉で私たちに強烈なインパクトを与えます。その言葉は、長い説明を要さない。むしろ、短いからこそ余計に深く心に残るのです。

本書は、寺山修司の劇作家としての視点と深い洞察力が詰まった一冊です。ぜひ、これらの言葉に触れて、ご自身の心を刺激してみてください。

寺山修司『両手いっぱいの言葉―413のアフォリズム―』新潮文庫（一九九七年）

# 正義の心を貫く意義を考える

『八犬伝（はっけんでん）』山田風太郎（やまだふうたろう）

江戸時代の文豪・滝沢馬琴（たきざわばきん）が残した『南総里見八犬伝』は、二十八年の歳月をかけて執筆された大長編小説です。物語の舞台は戦国時代の安房（あわ）地方。その地を治める里見家は、隣国との戦争にあたって「敵の大将の首を打ち取ったものに娘の伏姫（ふせひめ）と結婚させる」と公言しました。すると、愛犬・八房（やつふさ）が大活躍して功績を残したがために、伏姫は犬と夫婦になり、富山の洞窟で暮らすことに。あくまで肌身を許さない清い関係ではありましたが、八房の気を受け、いつしか姫は妊娠してしまいます。

ある日、自分を探しに富山へ来た父と姫の許婚（いいなずけ）であった金碗大輔（かなまりだいすけ）の前で、姫はこう語りながら自害します。

私はいま天からの声を聞いたのでございます。いま私が、犬と交わったのではない潔白のあかしをたてるなら、この世は潔白なものが邪悪に勝つという天道を地上に描く機縁になろうと。――思えば、私はその機縁を作るために生まれて来たものでございました

姫が自害すると、彼女が幼い頃から持っていた数珠から八つの玉が全国へと散らばり、「仁・義・礼・智・忠・信・孝・悌」という徳を持つ八犬士が誕生します。その後、大輔が全国に飛び散った八つの玉を集めながら、その地で出会った八犬士たちと共に、怨霊（おんりょう）や悪を討ち滅ぼし、里見家を守り抜く……というストーリーです。その発想の斬新さは尋常ではありません。

しかし『南総里見八犬伝』は現代語での全訳が出ていないほどの大作であり、すべてを読破するのは困難です。そこで、山田風太郎が滝沢馬琴の原作を土台にして書いた『八犬伝』を読むのがおすすめです。二〇二四年に映画化もされました。

山田の『八犬伝』では、八犬伝の作品世界を再現した「虚」の章と、作家・滝沢馬琴が本作を執筆する心情を描いた「実」の章が、交互に登場します。滝沢馬琴の並々ならぬ執念が描かれるので、作品を読むと、また違った趣が感じられます。

一見、荒唐無稽と思われる物語ではありますが、作品の根幹となる大きなテーマは正義です。風太郎の書く実の章のなかで、馬琴は、「世の中にはあまりに辻褄が合わないことが多い。罪を犯してもいないのに苦しみ続ける人ばかりなのが実の世界の大半である」と指摘します。

「だから、正義が悪とたたかい、正義が悪に勝つ過程をえがいてこそ小説の存在意義があるのだ」

馬琴はこのとき、地獄極楽の観念を創造した宗教者と同じ存在になっていた。

「だから……架空事であっても、私は正義の物語をかくのだ。だから私は、伝奇小説によって、まちがった実の世界の集積——歴史を正すのだ！」

晩年には目が見えなくなる滝沢馬琴は、息子の妻に口述筆記をさせて、この作品を書きとらせるに至りました。作品にかける執念たるや、まさに恐ろしや……と言いたくなります。ただ、そんな馬琴の想いが詰まった本書を読むことで、改めて「正義とは何か」について、考えさせられるはずです。

余談ですが、一九七三年からＮＨＫで『連続人形劇 新八犬伝』という題名の人形劇が放映されていました。人形制作を担当されていたのは、人形作家である辻村ジュサブローさんです。

私の中学校時代にこの人形劇は一大ブームになり、学校中の子どもたちが「仁・義・礼・智・忠・信・孝・悌」と口にしていたのを覚えています。特に私は「孝」の字が名前になっていたので、「自分は八剣士の一人なのだ」と思い、余計に心奪われたものです（孝の字を持つ人は、全国にはとてつもない人数がいると思いますが……）。その記憶があるがゆえに、本作への想いは人一倍強いのかもしれません。

山田風太郎『八犬伝』河出文庫・山田風太郎傑作選 江戸篇（上下巻 二〇二一年）

# 自分だけの価値観の確立をめざす

『斜陽』太宰治（だざいおさむ）

太宰治の作品は、若者を中心に多くの人の心を打つものがあります。薬物依存だったり、女性と心中を試みたり、若い人には悪影響ではないかと思う部分もありますが、一方で、心の弱っている人にはむしろ励ましの書にもなるというのが、芸術の奥深いところだと言えるでしょう。

太宰治の魅力のひとつは、自分の弱さを徹底的に掘り起こしていく粘り強さです。それゆえ、己をすり減らした部分もあるのでしょうが、弱さの吐露（とろ）があるからこそ、いまの時代も色あせず、誰しもが共感できる作品が生まれたのだと思います。

そんな太宰の魅力は、海外でも受け入れられているようです。以前、『Ｙｏｕは何しに日本へ』というテレビ番組で、ロシア人の旅行客の方が「『人間失格』をロシア語で読んで感動したから日本に来た」と語るのを見て、「ロシアの人にまで影響を与えるとは、太宰治、恐るべし」と、唸ってしまいました。

さて、そんな太宰作品のなかでも、『斜陽』は非常に味わい深いものだと思います。特に子どもの頃はその深みが理解できずとも、大人になるとぐっと心を掴まれる。そんな作品だと感じます。

『斜陽』は、戦後の価値観の揺らぎを背景に、旧家の没落と女性の自己確立を描いた物語です。冒頭、華族出身の母がスープを静かに口に運ぶ場面は、没落していく旧家の姿を象徴的に表現しています。

朝、食堂でスウプを一さじ、すっと吸ってお母さまが、
「あ」
と幽かな叫び声をお挙げになった。
「髪の毛？」

スウプに何か、イヤなものでも入っていたのかしら、と思った。

「いいえ」

お母さまは、何事も無かったように、またひらりと一さじ、スウプをお口に流し込み、すましてお顔を横に向け、お勝手の窓の、満開の山桜に視線を送り、そうしてお顔を横に向けたまま、またひらりと一さじ、スウプを小さなお唇のあいだに滑り込ませた。


主人公のかず子の弟である直治（なおじ）が「おれたちの一族でも、ほんものの貴族は、まあ、ママくらいのものだろう。あれは、ほんものだよ。かなわねえところがある」と語るように、「本物の貴族とはこういうものか」といった品格のある所作（しょさ）が描かれています。しかし、その優雅さも時代の流れのなかで失われていく。この静かな貴族生活の没落が、作品全体にわたる切なさと強さのコントラストを生み出しています。

そんななかでも印象深いのが、華族の末裔（まつえい）として育ったかず子が、自らの価値観に従い、父のいない子どもを生むことで自らの「道徳革命」を実現していく姿です。

当時は、「私生児を産む」という選択は社会的には受け入れられないものだったでしょうが、大胆な選択を通じて新しい生き方に踏み出す彼女の姿は、社会の枠にとらわれず、自分の価値観を築くことの大切さを感じ取れるはず。

こいしいひとの子を生み、育てる事が、私の道徳革命の完成なのでございます。あなたが私をお忘れになっても、また、あなたが、お酒でいのちをお無くしになっても、私は私の革命の完成のために、丈夫で生きて行けそうです。

太宰治『斜陽』新潮文庫（初版：一九五〇年、改版：二〇〇三年）

本作を読んだら、ぜひ同じ太宰作品である『ヴィヨンの妻』もセットで読んでいただきたいです。だらしない夫を支える妻の姿を描いた本作では、終盤、妻が呟く有名な一言「私達は生きていさえすればいいのよ」が象徴するように、生きる強さや忍耐力が伝わってきます。この二作を読むと、社会と自分との闘いのなかで自分自身の価値観を確立して生きる重要性を、改めて再認識できるのではないでしょうか。

## 激しい恋の情念を思い出す

『嵐が丘』エミリー・ブロンテ

イギリスの女流作家であるエミリー・ブロンテによる『嵐が丘』は、世界文学のなかでも屈指の恋愛小説です。男性は恋愛小説に苦手意識を持つ方も多いのですが、食わず嫌いをするのは非常にもったいない。なぜなら、本作の激しい恋愛模様は、かつて自分が忘れてしまった恋の情念を思い起こさせてくれるからです。

物語は、「嵐が丘」と呼ばれるお屋敷を舞台に始まります。身寄りのない少年・ヒースクリフは、このお屋敷に引き取られ、主（あるじ）の娘であるキャサリンに出会い、激しく惹かれ合います。

それほどにお互いが好きで相性が良いなら、いっそのこと結婚すれば……と思うところですが、キャサリンは非常に現実的な女性だったので、自分に求婚した良家の子息であるエドガー・リントンとの結婚を選びました。ヒースクリフと結婚しない理由について、彼女は家政婦のネリーにこう語ります。

「いまヒースクリフと結婚したら、わたし落ちぶれることになるでしょ。だから、あの子には、どんなに愛しているか打ち明けずにおくの。どうして愛しているかというと、ハンサムだからじゃなくてね、ネリー、あの子がわたし以上にわたしだからよ。人間の魂がなにで出来ていようと、ヒースクリフとわたしの魂はおなじもの。リントンの魂とは、稲妻が月明かりと違うぐらい、炎が氷と違うぐらい、かけ離れているの」

財産のないヒースクリフと一緒になれば一文無しで路頭に迷ってしまうから、エドガーと結婚する。それだけ聞くとなんともドライな女性に思えますが、そんな彼女の本心は、自分がエドガーと結婚して財産を手にすれば、貧しく、かつ虐(しいた)げられた生活からヒースクリフを救ってあげられるのではないかというものでした。

「わたしが生きている限り、ヒースクリフを棄てることなどしない」と断言するキャサリンですが、当のヒースクリフはそんな彼女の本心を知りません。彼女の結婚への決意に激しく打ちひしがれた彼は、屋敷を去ります。そして、三年後、大富豪となり、彼女への復讐のために嵐が丘へと舞い戻ってくるのでした。このヒースクリフのキャサリンへの執念深さは、世界の文学史上でもおそらく一位、二位を争うほど。読み進めるごとにすごみを感じます。

復讐を果たそうと画策するヒースクリフに、キャサリンは精神の不調から体調を崩すようになってしまいます。その死の床に駆けつけて、これまでの恨みつらみをぶつけるヒースクリフでしたが、キャサリンと本心で語り合い、ついにふたりはこれまでの時間を埋めるかのように激しく互いを抱きしめるのでした。しかし、衰弱しきっていたキャサリンはエドガーとの子を出産するやこの世を去ってしまいます。恋心を諦めきれないヒースクリフは彼女の墓を暴くことまでやってのけ、そして言います。

「いま一度あいつを胸に抱こう！　冷たくなっていたら、俺が凍えているのはこの北風のせいと思い、動かなければ、眠っているんだと思おう」

「殺された人間は殺した人間にとり憑くものなんだ。そうだ、過去にも幽霊たちはこの地上をさまよってきたじゃないか。いつでもそばにいてくれ――どんな姿でもいい」

「自分の命なしには生きていけない！　自分の魂なしに生きていけるわけがないんだ！」


エミリー・ブロンテ『嵐が丘』鴻巣友季子・訳、新潮文庫（二〇〇三年）

ほかの作品では見られないような情熱的なセリフや感情の動きこそが、『嵐が丘』の最大の魅力だと言えるでしょう。事実、嵐のように荒々しい恋愛模様は、世界中の多くの人々の心を掴みました。

「この人とは魂がひとつだったに違いない」と言い切れるような激情に、人生で一度は出会ってみたいもの。『嵐が丘』で繰り出される二人の愛のやりとりは、六十代にもう一度恋をしてみたいと思わせるには十分な「恋の劇薬」となるはずです。

## 人生の絶望を通じて、人間の精神の強さを知ろう

『変身』フランツ・カフカ

チェコ出身の作家であるフランツ・カフカは、絶望の達人です。『絶望名人カフカの人生論』という本も出版されるほどに、その絶望ぶりは広く知られています。

そんなカフカの作品に共通するのが、運命の不条理さについてです。しかし、ただ不条理さを受け入れるのではなく、絶望しながらも、絶望の深淵とじっと向き合い、いかに自分の一部として受け入れるかを詳細に描くのがカフカの魅力です。人間の絶望をかたくななまでに追求するカフカの強靭な精神は、彼の物語全般に浸透しており、読む人を惹きつけてやまないのでしょう。

たとえば『変身』は、数あるカフカ作品でも、あまりにも有名な一作です。

ある朝、グレーゴル・ザムザがなにか気がかりな夢から目をさますと、自分が寝床のなかで一匹の巨大な虫に変わっているのを発見した。

この不可思議な冒頭の一文で知られる本作は、主人公が朝起きると、巨大な虫に変身しているという不条理すぎる設定から始まります。そのインパクトの強さから、読んだことがない人も設定については知っているほど。読まれずとも広く知られる魅力。これこそが本当の古典の威力だと私は思います。

では、この小説がなぜ世界中で受け入れられたのか。それは寓話という形を取りながらも、随所に潜むリアルさにあるのでしょう。

虫に変わるまでのザムザは同居する家族を支えるため、必死で毎日働く営業サラリーマンでした。彼の突然の変貌に対して、家族たちは最初驚き、心配していたものの、次第に彼を嫌悪し、お荷物扱いし、交流すら避けるようになっていきます。ザムザが大層かわいがっていた妹に至っては、もはや「兄」と呼ぶことすら嫌がります。

「もう潮時だわ。あなたがたがおわかりにならなくったって、あたしにはわかるわ。あたし、このけだものの前でお兄さんの名なんか口にしたくないの。ですからただこう言うの、あたしたちはこれを振り離す算段をつけなくっちゃだめです。これの面倒を見て、これを我慢するためには、人間としてできるかぎりのことをやってきたじゃないの。だれもこれっぽっちもあたしたちをそのことで非難できないと思うわ。ぜったいに、よ」

家族や社会から疎外され、次第に孤独に沈んでいくザムザの姿は、単なる奇妙な話で終わらない寓話として、絶望や孤立の意味を深く考えさせてくれる作品です。

特に六十代を迎えた方がこの作品を読むと、若い頃とはまた違った視点が生まれてくるのではないでしょうか。家庭や会社を長年支えてきた役割から退いた後、ふと「自分の居場所はどこにあるのか？」と考える。長く勤めてきた会社を退職し、家庭に戻ったときにおぼえる一種の疎外感。初めは家族も温かく迎えてくれたものの、次第に「何もしない人」としての空気が家庭内で漂うようになり、いつしか家庭のお荷物扱いされてしまう。そんなご自身の姿をザムザに重ね合わせる方も、もしかしたら少なくないかもしれません。

六十代で読む『変身』は、自分という存在を俯瞰する助けにもなります。ザムザのように完全に自らを「虫」として扱うわけではありませんが、「この場にいるのはつらい」「疎外感をおぼえる」と思ったとき、カフカの物語を思い出せば「自分も変わったのかもしれないが、それもいい」と笑い飛ばせるかもしれません。

なお、本作とセットで読みたいカフカの作品として、短編『断食芸人』を挙げます。これは、二十日間断食を続けても誰にもその努力が評価されない芸人を描いた物語で、「孤独な努力」をテーマとしています。同時に『城』もぜひ紹介したい一冊です。この物語は、とある城に雇われたものの、延々と続く手続きに巻き込まれ、ただ城の周りをぐるぐると巡らされてしまう男の話です。どこか滑稽なストーリーながらも、組織にいた経験のある人ならば、誰もが少なからず共感できるはずです。

『変身』高橋義孝・訳、新潮文庫（初版：一九五二年、改版：二〇一一年ほか）

## 十九世紀最高の小説から人間の深淵(しんえん)にふれる

『カラマーゾフの兄弟』ドストエフスキー

ロシアの文豪・ドストエフスキーの大作『カラマーゾフの兄弟』。本作は十九世紀最高の小説とも呼ばれますが、その称号にふさわしく、読む者に人生の意味を根本から問い直させる作品です。大長編ゆえ読み切るのは大変ですが、それでも同作を高く評価する人が多い理由は、題材が人間の根源的なテーマを扱っているからでしょう。

物語の核となるのは、田舎地主でカラマーゾフ家の当主である父・フョードル（好色）の殺害事件です。犯人捜しを核としながら、情熱的で女性好きなドミートリイ、知的で理想を追い求める無神論者のイワン、純粋で信仰の世界に生きるアリョーシャという、個性的な兄弟たちを中心に、物語は展開します。

俳優の堺雅人さんは「演じる役柄に応じて、カラマーゾフ家の三兄弟の性格を調整して配分するとよい演技ができる」と言ったそうですが、それほどまでに彼らの性格は人間の複雑な性格を象徴的に描き出します。それぞれ異なる価値観と葛藤を抱える兄弟が織り成すドラマは、私たちに宗教や道徳、罪と許し、そして愛といった人間の根源的なテーマについて深く考えさせてくれます。

批評家のミハイル・バフチンは、ドストエフスキーの作品が人々を惹きつける理由として、二つの特徴を挙げています。ひとつの特徴は、カーニバル性です。これは、それぞれの人物たちが予測不能な行動や感情を爆発させることで、秩序が崩壊した、祝祭性のあるストーリーが展開することです。

そして、もうひとつの大きな魅力として挙げられるのは、ポリフォニー性です。各登場人物の存在感が非常に強く、まるで独立した存在のように自己の声で語り、物語を構成しています。登場人物同士のやり取りが、まるで交響曲の多声音楽のように響き合うことで、読者のなかに新たな思索が生まれるのです。

とはいえ、いきなりすべてを読み切るのが難しい……と思う方におすすめしたい箇所は、本作で最も有名な「大審問官」のエピソードです。
無神論者であるイワンが、弟のアリョーシャに聞かせた自作の物語なのですが、このなかでは大審問官がキリストに対して「人間に自由を与えることは本当に正しいことだったのか」と問い詰めます。大審問官は、キリストが人間に課した自由が、逆に重荷となっており、人々は実は宗教や権威に管理されるほうが楽だと主張します。

お前に言っておくが、人間という不幸な生き物にとって、生れたときから身にそなわっている自由という贈り物を少しでも早く譲り渡せるような相手を見つけることくらい、やりきれぬ苦労はないのだ。

大審問官とキリストの対話を通じて、イワンは信仰と自由、権威の問題に関する問いを投げかけています。西洋世界において絶対的な存在とされてきたキリスト教は果たして本当に人々を幸せにしたのだろうかという問いが湧いてくるかもしれません。
生きることの意味や価値についても、考えさせられる場面が非常に多いです。特に、イワンとアリョーシャが人生について語るシーンは、すばらしい。

「この世のだれもが、何よりもまず人生を愛すべきだと、僕は思いますよ」
「人生の意味より、人生そのものを愛せ、というわけか？」
「絶対そうですよ。兄さんの言うとおり、論理より先に愛することです」

六十代になると「人生の意味」を考えすぎて身動きできなくなる人も多いはず。しかし、意味を探すよりも、まず人生そのものを愛する視点を持つことのほうが、はるかに大切なのだとアリョーシャは教えてくれます。本作は確かに長大ですが、人生に対する何かしらの気づきが得られる作品です。かつて若い時分に読んだという人であっても、大人として経験を積んだいまだからこそ、再読すると、作中に浸透する深い葛藤や信仰、愛を、自分のこととして感じられるはずです。

ドストエフスキー『カラマーゾフの兄弟』原卓也・訳、新潮文庫
（全三巻 初版：一九七八年、改版：二〇〇四年）

# 第四章

# 美しい日本語を音読で味わう

# 淡く儚い恋心を味わう

## 『たけくらべ』樋口一葉

　読書の楽しみのひとつは、日本語の美しい音を味わうことです。なかでも、屈指の美しい日本語が堪能できる作品といえば、樋口一葉の『たけくらべ』でしょう。

『たけくらべ』は、明治時代の吉原に生きる、思春期の少年少女たちの成長と切ない恋を描いた物語です。主人公は、遊女の姉を持つ十四歳の少女・美登利。

　彼女は、将来的には姉と同じく遊女の道へと歩むことが決まっています。そんな彼女と、一歳年上の寺の息子である信如は、お互いに淡い恋心を抱くのです。


**廻れば大門の見返り柳いと長けれど、お歯ぐろ溝に燈火うつる三階の騒ぎも手に**

取る如く、明けくれなしの車の行来(ゆきき)にはかり知られぬ全盛をうらなひて、大音寺前(だいおんじまえ)と名は仏くさけれど、さりとは陽気の町と住みたる人の申き(もうし)

この有名な冒頭にはじまり、舞台となる吉原の美しい情景や少年少女の心の葛藤や切ない別れが、見事な筆致で描かれています。

美登利と信如は、お互いに対立する子どもたちのグループに属しているため、表向きは敵同士です。会っても話すような仲ではありません。しかし、そんなある雨の日、美登利は、鼻緒が切れて軒先(のきさき)に立ち尽くす信如の姿を見かけます。

突然、信如の姿を見かけた美登利は、声をかけることもできず、友禅の切れ端をそっと彼の足元に投げかけるだけで精一杯です。しかし、信如がその切れ端を無視する姿を見て、拒絶されたと感じた美登利は、涙を浮かべてその場を後にします。

雨に濡(ぬ)れた友禅をじっと信如が眺める描写は、なんとも風情豊かなものです。

信如は今ぞ淋(さび)しう見かへれば、紅入(べにい)り友仙(ゆうぜん)の雨にぬれて紅葉(もみじ)の形(かた)のうるはしきが

**我が足ちかく散(ちり)ぼひたる、そぞろに床(ゆか)しき思ひは有(あ)れども、手に取(とり)あぐる事をもせず空(むな)しう眺めて憂き思ひあり。**

おきゃんな女の子だった美登利が、恋をしたことで、少女から大人の女性へと成長していく。その時の流れが見事に描かれています。好きな人に素直に好きと言えない。誰しもが通ったことがある、そんな儚い恋心を追体験することができるでしょう。『たけくらべ』のさらなる魅力は、一語としてほかの言葉には取り換えることができない、唯一無二の言葉並びにあります。現代人で、これほどに完成された文章を書ける人はいない。まさに奇跡の作品でしょう。何度となく読み返すたびに、「よくこんな天才的な文章が書けたものだな」と感心してしまいます。

この作品が書かれたのは明治末期ですが、文体は、平安時代以降に発展した和文調を模す「擬古文」を採用しています。樋口はあえてそうすることで、日本語の伝統を深く感じられ、その作品世界が言葉のなかに永久保存されているような、不思議な感覚を本作にもたらしています。

ぜひ本作を読む際には、ストーリーのみならず、香り立つような言葉の一言一句をしっかりと味わっていただきたい。特に、吉原の街の雰囲気や、少女美登利の繊細な心と勝ち気な性格は、この文体でこそ伝わるものです。

この流れるように美しい日本語を堪能するためには、音読がうってつけです。単に事柄を説明するだけではなく、文章のすばらしさがひとつの世界になっているかどうか。これが音読に耐えうる作品か否かの境目です。きちんと理解できる文章であったとしても、音読でその魅力を感じられる作品は極めて少ない。その点、『たけくらべ』は音読してこそ魅力が深まる、稀有な作品のひとつだと感じます。

また、音読することで、言葉を通じてその作品の世界観が頭のなかにきちんと刻み込まれて、イメージがより鮮烈に浮かび上がってくるはずです。

この芸術品のように繊細な文章を口ずさみながら、遠い日の淡い恋心に想いを馳せてみたいところです。

樋口一葉『にごりえ・たけくらべ』新潮文庫（初版：一九四九年、改版：二〇〇三年）

# 音読を通じて、元気をもらう

『坊っちゃん』夏目漱石（なつめそうせき）

夏目漱石にはたくさんの名作がありますが、音読という視点で選ぶなら、一番のおすすめは『坊っちゃん』です。東京で生まれた正義感の強い青年「坊っちゃん」は、四国の中学校に教師として赴任します。教師たちの間で横行する陰湿な派閥（はばつ）争いや策略を知った坊っちゃんは、正義感を持って行動し、その不正を暴きます。

そんなストーリーもさることながら、この作品は、音読をするだけでなぜか元気が出てくるような不思議な作品です。試しに、冒頭の一節を読み上げてみてください。

**親譲りの無鉄砲（むてっぽう）で小供（こども）の時から損ばかりしている。小学校に居る時分学校の二階**

から飛び降りて一週間程腰を抜かした事がある。なぜそんな無闇をしたと聞く人があるかも知れぬ。別段深い理由でもない。新築の二階から首を出していたら、同級生の一人が冗談に、いくら威張っても、そこから飛び降りる事は出来まい。弱虫やーい。と囃したからである。小使に負ぶさって帰って来た時、おやじが大きな眼をして二階位から飛び降りて腰を抜かす奴があるかと云ったから、この次は抜かさずに飛んで見せますと答えた。

「親譲りの無鉄砲で小供の時から損ばかりしている」という一文から、主人公のやんちゃな性格が鮮やかに伝わってきます。そもそも学校の二階から飛び降りてしまう時点で、その突拍子のなさに驚いてしまいますが、坊っちゃんの父親は飛び降りたことをたしなめるどころか、「腰を抜かすやつがあるか！」と怒る。それに対して、息子である坊っちゃんは「この次は腰を抜かさずに飛んでみせます」と答える。

これは、親子そろってあっけらかんとしすぎなのではないか……と思うと、冒頭の「親譲りの無鉄砲」の一文が説得力を持ち、活きてきます。落語のように小気味よいテンポの作品に、自然と笑みがこぼれる人も多いはずです。

『坊っちゃん』が大人の心にも強く響く理由は、一途な正義感と清々しい無邪気さにあります。坊っちゃんは親からの愛情にはあまり恵まれませんでしたが、親代わりに彼を育ててくれた女中の清からは深く愛され、慈しまれました。「あなたは慾がすくなくって、心が奇麗だと云って又賞めた。清は何と云っても賞めてくれる」という描写にもあるように、彼女は坊っちゃんの無垢さを一途に信じています。この無償の愛が物語全体に温かさを与えているのです。

教師になった坊っちゃんが赴任先の四国に向かう際に、清があまりに寂しそうだから「みやげを買ってきてやろう」というシーンは、思わずほほえんでしまいます。


「何を見やげに買って来てやろう、何が欲しい」と聞いてみたら「越後の笹飴が食べたい」と云った。越後の笹飴なんて聞いた事もない。第一方角が違う。「おれの行く田舎には笹飴はなさそうだ」と云って聞かしたら「そんなら、どっちの見当です」と聞き返した。「西の方だよ」と云うと「箱根のさきですか手前ですか」と問う。随分（ずいぶん）持てあました。

夏目漱石はユーモアのセンスにもあふれているため、『坊っちゃん』には笑いを誘うシーンも多いです。坊っちゃんがそば屋で天ぷらそばを四杯も平らげたことで「天麩羅（てんぷら）先生」というあだ名をつけられ、黒板に「一つ天麩羅四杯なり」と書かれる場面をはじめ、生徒との軽妙なやりとりが随所に描かれます。

私は、かつて小学生約二百人と共に『坊っちゃん』を一日かけて音読したことがあります。終わったとき、「はなはだ面白かった」と言ってくれたのは印象深い出来事です。漱石の生み出した豊かな日本語は子どもたちにも伝わったのでしょう。

ぜひ一日一章ずつでもいいので、皆さんも声に出して読んでみてください。全十一章を読み終える頃には、清と坊っちゃんの温かい交流や、坊っちゃんの爽快な生き方から元気をもらい、また新たな気持ちで明日を迎えられるはずです。

夏目漱石『坊っちゃん』新潮文庫（初版：一九五〇年、改版：二〇一二年）

## 自分を語る技を学ぶ

『福翁自伝(ふくおうじでん)』福沢諭吉(ふくざわゆきち)

福沢諭吉の『福翁自伝』は、数ある自伝のなかでも特に輝きを放つ作品で、日本人が書いた自伝のベスト3に入るほどの名作だと感じます。

福沢の生き方や語り口には、合理的で開放的な気質が感じられ、そのエピソードの一つひとつがいまの私たちにも新鮮な気づきを与えてくれます。

『福翁自伝』の面白さを形作るのは、本作が福沢諭吉の言葉を口述筆記して綴られている点です。話し言葉ならではの柔らかさが感じられ、まるで福沢本人が目の前で語っているかのように、文章が頭や心にすっと沁み込んできます。私自身、この作品の現代語訳も手がけましたが、原文のこなれた語りには独特の捨てがたい響きやリズムがありますので、この作品もぜひ原文を音読にて味わっていただきたいです。

福沢諭吉の著作物といえば『学問のすゝめ』が有名ではありますが、「自分の人生とはどんなものだったか」を考えることの多い六十代の方には、ぜひ『福翁自伝』をおすすめしたいと思います。この自伝は、自分の人生をいかにおもしろく語るか、あるいはどんな視点で振り返るかといった「自分語り」のお手本になるからです。

たとえば、福沢諭吉が自身の幼少期を振り返るくだりでは、彼は昔から占いもまじないも一切信じない性格だったと語っています。幼い頃、神社にあった御神体の石を取り出して、自分が勝手に拾った石を代わりに置き、周囲の人がその石を拝んでいる様子を見て「なんてバカらしい」とばかりに笑う場面は秀逸です。

> 年寄りなどの話にする神罰冥罰なんという事は大嘘だとひとりみずから信じ切って、今度は一つ稲荷様を見てやろうという野心を起して、私の養子になっていた叔父様の家の稲荷の社の中には何がはいっているか知らぬとあけてみたら、石がはいっているから、その石をうっちゃってしまって代りの石を拾うて入れておき、また

隣家の下村という屋敷の稲荷様をあけて見れば、神体は何か木の札で、これも取って棄ててしまい平気な顔していると、間もなく初午になって、幟を立てたり太鼓を叩いたりお神酒を上げてワイワイしているから、私はおかしい。

占いやまじないなどを信じないという福沢の態度は、科学的で合理的な考え方が若い頃からすでに根付いていたことを示しています。この点は、時代を超えても新鮮です。

さらに、門閥制度への痛烈な批判も展開されます。たとえば自身の父が出世できなかった理由を、門閥の無さに起因するという福沢は、「門閥制度は親の敵でござる」とまで言い放つのです。こうした潔い姿勢が彼の人生を支え、後の思想家としての活躍にもつながっていったのでしょう。

また、印象深いのは、何かの漢書を読んでいた福沢が「喜怒色に形わさず（喜びや怒りを表に出してはいけない）」という一句に出会い、「これは立派な言葉だ」と感じ、終始この教えを守り続けたことです。

ソコデ誰が何といって賞めてくれても、ただ表面に程よく受けて心の中には決して喜ばぬ。また何と軽蔑されても決して怒らない。どんな事があっても怒った事はない。いわんや朋輩同士で喧嘩をしたという事はただの一度もない。ツイゾ人と摑合ったの、打ったの、打たれたのという事はちょいともない。これは少年の時ばかりでない。少年の時分から老年の今日に至るまで、私の手は怒りに乗じて人の身体に触れた事はない。

福沢諭吉『福翁自伝』土橋俊一・校訂校注、講談社学術文庫（二〇一〇年）

単なる「自慢話」や「自己憐憫」ではなく、自分の過去を明るく、ユーモアたっぷりに語る文章は、読んでいて自然と笑みがこぼれ、時には深く考えさせられることもある。我々も自分の人生を語る際には、福沢のような自然体を心掛けたいものです。

## 幼い頃の記憶を思い出し、自分の原点に立ち戻ろう

『銀の匙』中勘助

作者の体験に寄り添い、作品世界へと入り込みながら、世界を共有する。そして、自分の体験とつながる部分を感じて、過去の記憶を呼び起こす。それが読書の魅力のひとつだと私は思います。

誰しも繊細、かつ鮮烈な記憶として抱き続けるのが、小学校に入学する前後の幼少期の記憶です。私自身、初めて学校で受けた授業の様子や、当時通った通学路の道の風景など、いまだにありありと思い出すことができます。それほどまでに、幼い頃の記憶とは鮮烈なものなのでしょう。

『銀の匙』は、作家・中勘助が、明治期から大正期にかけて書いた作品で、自身が生

まれてから一七歳くらいまでに起こった出来事を、短編で振り返る自伝的な小説です。その魅力は、匂いや手触りなどの五感を刺激する豊かな文体で、子ども時代の細かな心の動きを描いている点でしょう。かの夏目漱石もこの作品に対して、子どもの世界の描写として未曾有のものだと絶賛したほど。「六十代になったいま、そんな遠い日のことは思い出せない」と思う方でも、大丈夫です。子どもらしい感性でもって周囲を描き切る文章の端々から、記憶の世界一気に引き戻されていくはずです。

あの静かな子供の日の遊びを心からなつかしくおもう。そのうちにも楽しいのは夕がたの遊びであった。ことに夏のはじめなど日があかあかと夕ばえの雲になごりをとどめて暮れてゆくのをみながら　もうじき帰らなければ　とおもえば残り惜しくなって子供たちはいっそう遊びにふける。

本書では、主人公の「私」と人々との心の交流が描かれるのですが、特に印象的なのが「伯母さん」の存在です。「私」は、難産で体を壊していた母に代わり、同居していた伯母さんに育てられることになりました。「私」自身も病弱だったため、伯母さんからはとにかくかわいがられて育った様子が伝わってきます。

天気のいい日には伯母さんはアラビアンナイトの化けものみたいに背中にくっついてる私を背負いだして年よりの足のつづくかぎり気にいりそうなところをつれてあるく。じき裏の路地の奥に蓬莱豆をこしらえる家があって倶梨迦羅紋紋の男たちが犢鼻褌ひとつの向こう鉢巻で唄をうたいながら豆を煎ってたが、そこは鬼みたいな男たちがこわいのと、がらがらいう音が頭の心へひびくのとできらいであった。私はもしそうしたいやなところへつれて行かれればじきにべそをかいてからだをねじくる。そして行きたいほうへ黙って指さしをする。そうすると伯母さんはよく化けものの気もちをのみこんで間違いなく思うほうへつれていってくれた。

背中に背負われ、声を出さずとも、泣いて身をよじって指令を出すだけで、行きたい方向へと連れて行ってもらえる。「私」の甘え方や伯母さんの甘やかし方に、思わず笑みがこぼれてしまう人も少なくないはず。私自身も、伯母さんや叔母さんが十人近くもいる環境で育てられたので、最初にこの小説を読んだ頃は、伯母さんにかわいがられる「私」の視点から感情移入していました。しかし、六十代になって読み直してみれば、今度は幼い少年をかわいがる伯母さん側の気持ちも理解でき、また違った視点から本作の魅力を味わえるようになったように思います。

一編ずつの物語は非常に短いものですから、音読しながら読むのもおすすめです。一行ごとに心が洗われるような文章を声に出すと、まるで詩を読んでいる感覚に浸り、作品世界をゆっくり味わうことができます。

そのほか、幼馴染（おさななじみ）の女の子との淡い交流や友達とのやりとり、四季の移り変わりなどの描写も、とても豊かで美しい。本書を通じて子ども時代特有の繊細な魂に触れ、自分の幼い日の原点に、立ち返ってみてください。

中勘助『銀の匙』岩波書店（初版：一九二二年、改版：一九九九年ほか）

# 日本古来の精神性を音読で味わう

『古事記』太安万侶

日本最古の書物として知られる『古事記』は、まるで物語のように展開される国づくりの神話集です。奈良時代の初期、稗田阿礼による暗唱を太安万侶が編纂したこの本は、同じ時期に作られた歴史書『日本書紀』よりも、一般的に知られています。有名な「因幡の白兎」をはじめ、出雲系の神話や歌謡がふんだんに盛り込まれており、読む人を飽きさせないのも魅力です。

『古事記』で一貫して描かれるのは、日本という国がどうやって生まれていったのかという経緯についてです。

まず、物語は天地の始まりとともに幕を開け、神々が現れます。そこで、イザナギノミコトとイザナミノミコトの二柱が天の浮橋から矛を垂らし、海に浮かぶ島々を生む「国産み」のくだりへと続きます。

その後、イザナギノミコトとイザナミノミコトの二神は、お互いを求め合い、「**我が身は成り成りて、成り余れる処一処在り。故此の吾が身の成り余れる処を以ち、汝が身の成り合はぬところに刺し塞ぎて、国土を生み成さむと以為ふ。生むこといかに**」という描写にもあるように、性的な交わりを経て、神々を生んでいきます。こうして、日本という国と神々の成立が描かれていったのでした。

ほかにも有名なのは、天照大神が、天岩戸に引きこもる場面でしょう。「**天照大御神忌服屋に坐して神御衣を織らしめたまふ時に其の服屋の頂を穿ち、天の斑馬を逆剥ぎに剥ぎて堕し入るる時に、天の服織女見驚きて梭に陰上を衝きて死ぬ**」という弟神のスサノオの狼藉に腹を立てて、こもります。

その後、引きこもってしまった天照大神を誘い出すため、アメノウズメノミコトが胸をあらわにし、愉快な舞を披露することで、八百万の神々が笑い、その声を聞いた女神は天岩戸を開け、この世には太陽が戻った……と語られます。

また、『古事記』には、天皇家がこの日本を治める正統性を示す役割もありました。たとえば、日本の大地を舞台に繰り広げられる倭建命の旅や冒険は、神話としても大変魅力的です。

> 出雲国に入り坐す。其の出雲建を殺さむと欲ひて、到るすなはち友を結びたまふ。故窃かに赤檮以ち、詐りの刀を作り、御佩と為、共に肥河に沐す。尒して倭建命、河よりまづ上がり、出雲建が解き置ける横刀を取り佩きて詔りたまはく、「刀易へ為む」とのりたまふ。

本書は当時の大和朝廷が、戦いによって全国を統一した事実を反映したものではないかとも考えられています。

日本土着の国津神である大国主命から、高天原から来た天津神である天照大神に国を譲る「国譲り」の場面にしても、一見、平和的なものとして描かれていますが、これは単なる譲渡の物語ではありません。その後、天照大神の子孫である神武天皇が日本最初の天皇として即位したように、この物語は万世一系の皇室が日本の頂点として君臨するための正統性へとつながっています。普通の神話として読むのではなく、時の為政者の意向を感じながら読むのも、『古事記』のひとつの読み方と言えます。

また、本書は原文を音読することで、より一層味わい深いものになります。音読を通じて、古代の人々の精神性に近づき、日本人の神話世界になじめるはずです。

ちなみに、『古事記』の読み方の基本は、江戸時代の国文学者である本居宣長（もとおりのりなが）が作ったことをご存じでしょうか。古事記は漢字でしか伝わっていないため、江戸時代にはすでにその読み方は失われていました。そんな折、本居が先輩の国学者で、万葉集の研究者として知られる賀茂真淵（かものまぶち）と松坂で一夜を過ごします。

賀茂真淵は本居宣長に「自分が万葉集に読み仮名を付けたように、君は古事記に読み仮名をつけてくれないか」と伝えます。その言葉を受けた本居が尽力したおかげで、現代の私たちも『古事記』を読むことができるのです。そんな先人の努力を思いながら音読すると、よりそのありがたみが増すように思います。

太安万侶『新版　古事記　現代語訳付き』中村啓信・訳注、角川ソフィア文庫（二〇〇九年）

# 音読を通じて日本人の奥行を再発見する

## 『平家物語』

日本で一番優れた古典小説は『源氏物語』だと思いますが、日本で一番音読していただきたい日本文学といえば、『平家物語』です。

その理由のひとつは、本作はもともと「語られる」文学として成立しているからです。琵琶法師が琵琶を鳴らしながら音楽のように読み伝えたこの物語は、非常にゆったりしており、聞いていると別世界に連れていかれるような感覚に襲われます。

そして、それがすべて滅びた平家の武士たちの鎮魂につながっているのも味わい深いものです。

もうひとつの魅力は、漢語と大和言葉が絶妙に融合した和漢混淆文にあります。大和言葉だけでは柔らかすぎ、漢語だけでは硬くなりがちですが、この両者が見事に織り交ぜられており、日本語の「張り」と「重み」が感じられます。音読を通じて、その言葉の響きが、より一層耳に心地よく響くのです。

さらなる魅力は、物語のダイナミックさ。特に合戦の場面や、平家の勇士たちの壮絶な最期などといったドラマチックな場面で、表現が生き生きと伝わってきます。

私が特に好きなのは、那須与一が扇の的を射抜く場面です。

　与一、鏑を取ってつがひ、よっ引いてひやうと放つ。小兵という条、十二束三伏、弓は強し、鏑は浦響くほどに長鳴りして、あやまたず扇の要際一寸ばかりおいて、ひいふつとぞ射切つたる。鏑は海に入りければ、扇は空へぞ揚がりける。

「与一、鏑を取ってつがい、よっ引いてひょうと放つ」という一連の描写は、まるでその場にいるかのような臨場感があります。また、音も「ぞ・射切ったる」「ぞ・場がりける」などと係り結びが続いているのも、小気味よいです。

与一が「もし的を射損じたならば、自害して二度と人に顔向けすることはない」と決意を固めて放つその一矢には、強い覚悟を感じます。もっとも、矢を外したら死を選ぶとは、現代とは比べ物にならないほどブラックな組織だと思わざるを得ませんが。
また当時の武士たちの精神性を感じる描写も、魅力のひとつ。特に私が好きなのは熊谷次郎直実が敵の若い武者・敦盛を泣く泣く討つ場面です。

熊谷、涙をはらはらと流いて、「あれ御覧候へ。いかにしても助け参らせんとは存じ候へども、御方の軍兵雲霞のごとくに満ち満ちて、よも逃し参らせ候はじ。あはれ、同じうは直実が手にかけ奉つて、後の御孝養をもつかまつり候はん」と申しければ、「ただ何様にも、とうとう首を取れ」とぞ宣ひける。熊谷、あまりにいとほしくて、いづくに刀を立つべしともおぼえず、目もくれ、心も消え果てて、前後不覚におぼえけれども、さてしもあるべきことならねば、泣く泣く首をぞかいてんげる。

この若い武士を討った後に出家を決意する直実の姿は、単なる戦いを超えた神々しい精神性が滲んでいます。また、小林秀雄が『無常という事』で指摘したように、『平家物語』では戦場にもかかわらず敵味方なく大きく笑い、拍手するような描写も登場します。この様子は、当時の武士たちの骨太な精神性を表しています。

**投げ上げられて、ただ直り、太刀を抜いて額に当て、大音声を揚げて、「武蔵国の住人、大串次郎重親、宇治川の歩立の先陣ぞや」とぞ名乗つたる。敵も御方も、これを聞いて、一度にどっとぞ笑ひける。**

こうした場面を音読することで、『平家物語』がただの戦記ではなく、人間の尊厳や魂の葛藤を描いた深い物語であることを実感させられます。それと同時に、次々と脳裏に浮かびあがる情景を通じて、日本人の精神性の力強さと奥行きの深さを再発見してみましょう。

『平家物語 ビギナーズ・クラシックス 日本の古典』（角川書店・編）角川ソフィア文庫（二〇〇一年）

## 日常に潜む「好きなもの」を再発見してみる

『枕草子』清少納言

六十代は名著の価値が深く理解できるようになる年代です。一度読んだことがある本であっても、角度を変えて読み直すと、若い頃とは受ける印象や感じる意味が変わってくるものです。『枕草子』は、まさに大人になったいまだからこそ、その一言一句が心に沁みる一冊だと感じます。

同作は、清少納言の感性を通して四季の美しさや日々の情景が細やかに描かれた、日本文学屈指の随筆です。清少納言が使う「いとをかし（情緒があって素晴らしい）」という感覚をはじめ、日本の美意識が詰め込まれています。

「春は曙。やうやう白くなりゆく、山ぎはすこし明りて、紫だちたる雲の細くたなびきたる」で始まる有名な一節は、古典のなかでも一際輝く名文でしょう。春の日の出前、夏の夜、秋の夕暮れ、そして冬の早朝。季節と時間帯の美しさを一日の移り変わりに重ね合わせるその表現力と感性には、ただただ感嘆します。本書も音読をしてみると、より一層、その音の美しさを再確認できるはずです。

私も過去に「春はあけぼの」の一節を絵本にしたことがあります。自然の情景を、清少納言の視点からビジュアルで表現することで、あらためて日本の四季の美しさに触れることができました。

また、「この季節にはこの時間帯がいい」と自らの感性で言い切り、文章としてまとめあげる手腕もすばらしい。清少納言はパーソナルな感性ですべての世界を表現しています。自身の偏愛する世界を羅列し表現していることは、じつは極めて現代的なアプローチです。もし、いまの時代に清少納言が執筆活動をしていたら、人気ブロガーとして活躍したことでしょう。それほど彼女はセンスと表現力が優れています。

たとえば、「冬はつとめて」の節を見てみましょう。

冬はつとめて。雪の降りたるは言ふべきにもあらず、霜のいと白き(しろ)も、またさらでも、いと寒きに、火など急ぎおこして、炭持てわたるも、いとつきづきし。昼になりて、ぬるくゆるびもていけば、火桶(ひおけ)の火も白き灰がちになりて、わろし。

雪が降り積もった冬の早朝が良いと述べつつ、火鉢の火がつかず、墨もなくて困るといった日常の不便さも描かれますが、こうした描写がどこか愛嬌(あいきょう)があって微笑(ほほえ)ましい。また、同じく冬の情景として「香炉峰(こうろほう)の雪」という有名な下りもあります。

雪のいと高う降りたるを、例ならず御格子(みこうし)まゐりて、炭櫃(すびつ)に火おこして物語などして、集り(あつま)さぶらふに、「少納言よ、香炉峰の雪いかならん」と仰(おお)せらるれば、御格子あげさせて、御簾(みす)を高くあげたれば、笑(わら)はせ給ふ。

人々も、「さることは知り、歌などにさへうたへど、思ひこそよらざりつれ。なほ、この宮の人にはさべきなめり」といふ。

雪の降るある日、中宮定子が中国の白居易の詩になぞらえて「香炉峰の雪はどうだろう」と聞くと、清少納言はその詩の「香炉峰の雪はすだれを上げて見る」を再現するように、すだれを巻き上げ、外の雪降る風景を見せました。お互いに教養があるからこそできるやり取りが随所の場面に感じられるのも、『枕草子』の魅力のひとつでしょう。

そのほか「うつくしきもの」にはかわいい子どもの顔を挙げ、「近くて遠きもの」は極楽や舟での道中、男女の仲を挙げるなど、項目ごとに気になる事柄を書き出す部分にも、筆者の感性があふれています。

清少納言のように、自分が好きなものや日々の発見を次々と挙げてみることも楽しいものです。彼女の真似をして、ご自身の好きなものを書き出していくと、自分の内にある小さな喜びを再発見できるかもしれません。

清少納言『枕草子』上坂信男、神作光一、湯本なぎさ、鈴木美弥・訳注、講談社学術文庫（全三巻　一九九九年〜二〇〇三年）

## 日本最高の古典文学を音読で楽しむ

### 『源氏物語』紫式部（むらさきしきぶ）

『源氏物語』は、ぜひ生涯で一度は触れていただきたい作品です。この作品に触れずに人生を終えてしまうのは、日本に生まれた者としてはあまりに惜しい。そんな思いを抱くほど、古来の日本人の精神性が詰まった傑作だと言えるからです。

平安時代の作家・紫式部が生み出した『源氏物語』は、主人公の光源氏と多くの女性たちとの恋愛模様が描かれています。とはいえ全五十四帖（じょう）から成る超大作の全部を読破するのは容易なことではありません。そこで、まずはいくつかおすすめの読み方からご紹介したいと思います。

まず、ひとつ目はあらすじをざっと摑む方法です。全体を知ることで、物語の深いテーマや登場人物の動機が理解しやすくなります。

もうひとつは、口語訳を読むというやり方です。いろいろな人の手によるものが出ていますので、ぜひご自身のお好みの訳文を選んでいただきたいです。たとえば谷崎潤一郎や与謝野晶子の訳による格調高い文章を楽しむのもよいでしょう。特に与謝野晶子の訳文は非常にこなれており、歴史的な価値も高いものですから、おすすめです。

そして、ぜひ取り入れていただきたいのは原文の音読です。この作品に漂う「王朝の香り」を堪能するには、やはり原文を音読し、言葉の響きを味わうのが一番であると断言します。私の同僚で『源氏物語』の専門家・日向一雅先生も、ご自身のゼミで同作の音読を取り入れたら、学生たちが作品世界に深く入り込み、大いに盛り上がったと話してくれました。原文に触れるには、角川文庫の短縮版や、拙著『源氏物語に学ぶ美しい日本語』（ビジネス社）などの簡潔なバージョンもあるので、ぜひ気軽に音読を試していただければと思います。

どこから音読を始めるかといえば、第一巻「桐壺」がよいでしょう。光源氏の誕生から始まり、その波乱に満ちた運命が暗示される重要な巻です。あまりにも有名な最初の一文に秘められた、言葉の格調高さを声に出して味わってみてください。

**いづれの御時にか、女御・更衣あまた侍ひ給ひける中に、いとやんごとなき際にはあらぬが、すぐれて時めき給ふ、ありけり。**

続いてご紹介するのは「若紫」の巻です。のちに源氏の最愛の人となる、まだ幼年の紫の上の美しさや趣深さを、日本語の音から感じることができます。

**面つきいとらうたげにて、眉のわたりうちけぶり、いはけなくかいやりたる額つき、髪ざし、いみじう美し。ねびゆかむさまゆかしき人かなと目止まり給ふ。**

有名な「葵」の巻もおすすめです。源氏の寵愛が得られずに嫉妬した六条御息所の霊に、葵の上が取り憑かれて死んでしまう場面は、三島由紀夫が戯曲化したことで知られているように、物語の白眉とも言える印象的なエピソードであり、その文学的価値を味わいながら読み進められるのではないでしょうか。次に挙げるのは、葵の上の急死を源氏も周りの者も受け入れられず、数日様子を見ていたが、だんだん遺体の状態が変わってきたために「もはやこれまで」と諦め悲しむ場面です。

御もののけのたびたび取り入れたてまつりしを思(おぼ)して、御枕などもさながら、二、三日見たてまつりたまへど、やうやう変はりたまふことどものあれば、限り、と思(おぼ)し果つるほど、誰(たれ)も誰もいといみじ。

古典文学を代表する『源氏物語』の作品世界に六十代のいまだからこそ触れることで、平安時代から継承されてきた人間観や価値観の源流を再確認しつつ、日本語の美しさにも浸っていただければと思います。

紫式部『源氏物語 ビギナーズ・クラシックス 日本の古典』角川ソフィア文庫（二〇〇一年）

## 音読を通じて、物語の美しい情景描写を楽しむ

### 『蜘蛛の糸・杜子春』芥川龍之介

芥川龍之介の文章は、実は非常に音読に向いた文章です。たとえば、有名な作品『杜子春』は、杜子春という若者が、ある日仙人に出会い、弟子入りを目指す作品ですが、六十代になって改めて読んでみると、芥川の文体が持つ言葉の美しさや物語の奥深さが味わえるはずです。

たとえば書き出しにしても、非常に穏やかで香り高い印象を読む人に与えます。

或春の日暮です。
唐の都洛陽の西の門の下に、ぼんやり空を仰いでいる、一人の若者がありました。

若者は名を杜子春といって、元は金持の息子でしたが、今は財産を費い尽して、その日の暮しにも困る位、憐な身分になっているのです。

日本語の美しさに加えて、この物語の見どころは、父母への愛と、人生において何が本当の幸福なのかを問いかけられる点でしょう。仙人から「何があっても声を出してはならない」という試練を与えられ、地獄に落とされた杜子春は、閻魔大王が自身の父母を折檻する場面を目の当たりにします。

痛めつけられる父母の姿に思わず声が出そうになり、ぐっと耐えながら目を閉じる杜子春に対して、地獄にいる母はこう言います。

「心配をおしでない。私たちはどうなっても、お前さえ仕合せになれるのなら、それより結構なことはないのだからね。大王が何と仰っても、言いたくないことは黙って御出で」

それは確に懐しい、母親の声に違いありません。杜子春は思わず、眼をあきました。

この場面の切なさは、声に出して読んでみると一層際立ち、親子の愛情の深さが胸に沁み入ります。杜子春が戒めを忘れて声を出し、父母のそばに駆け寄ると、地獄の情景が消え、仙人が目の前に現れます。仙人は杜子春にこう言葉をかけました。「もしおまえが黙っていたら即座にお前の命を絶ってしまおうと思っていたのだ」と。その後、杜子春は仙人になることは諦め、人間らしい正直な暮らしをしようと心を入れ変えた場面で、物語は終わります。

よく知られた寓話ではありますが、音読することで、その研ぎ澄まされた文章の味わいを何倍にも感じることができるでしょう。

『蜘蛛の糸』は、地獄に落とされた罪人・犍陀多が、一本の蜘蛛の糸を頼りに、地獄を抜け出そうとする物語です。寓話を元にした単なる翻案を超え、日本語の美しさとともに、その場面をより幻想的に昇華させています。冒頭にある、極楽の静寂な朝に御釈迦様が蓮池を歩くシーンを、振り返ってみましょう。

或日(ある)の事でございます。御釈迦様は極楽の蓮池のふちを、独(ひと)りでぶらぶら御歩きになっていらっしゃいました。池の中に咲いている蓮の花は、みんな玉のようにまっ白で、そのまん中にある金色の蕊(ずい)からは、何とも云えない好(よ)い匂(におい)が、絶間なくあたりへ溢(あふ)れております。極楽は丁度朝なのでございましょう。

芥川龍之介『蜘蛛の糸・杜子春』新潮文庫（初版：一九六八年、改版：二〇一〇年）

蓮の金色に色づいた花托(かたく)やその良い香りの描写が美しく、ほんの数行ながらも、読者を一気に極楽の世界へと引き込んでしまう。私は常々音読して心地よい文章は名文だと思っているのですが、その点でいえば、この文章は間違いなく一級品です。

こうした美しい日本語の響きを堪能しながら、音読で楽しむ芥川作品は、ただ静かに黙読するだけでは得られない、深い味わいがあるはずです。

# 職人たちの息遣いや魂を音読で知る

## 『五重塔』幸田露伴

小才が利かないけれども腕の立つ大工「のっそり十兵衛」。幸田露伴の『五重塔』は、そんな十兵衛が、自分の一生をかけて五重塔の建立に携わるというストーリーです。本作はまさに「声を出して読みたい日本語」の代表例です。

作者の幸田露伴は非常に教養の深い人物だったため、『五重塔』は、莫大な漢籍の素養と大和言葉が巧みに融合した、宝石のように光り輝く文章によって紡がれています。その輝きを心から堪能するには、やはり音読が一番です。

たとえば、物語冒頭の「木理美しき槻胴、縁にはわざと赤樫を用ひたる岩畳作りの長火鉢に対ひて話し敵もなく唯一人、少しは淋しさうに坐り居る三十前後の女」という表現ひとつとっても、日本語の響きの美しさを存分に感じられるでしょう。また、作品中に描かれる職人の姿勢や丁寧な仕事ぶりは、日本文化が大切にしてきた「職人気質（かたぎ）」を巧みに表現しています。

主人公の十兵衛は、「のっそり」というあだ名がつくほどに不器用な人物ではありますが、彼は自分の一世一代の仕事として五重塔の建設を請け負おうと奮闘します。五重塔の仕事を獲得する上でのライバルとなるのが、彼の師匠ともいえる存在、源太（げんた）です。この源太も江戸の男らしく非常に気風（きっぷ）の良い人間で、言動や立ち居振る舞いからは職人ならではのかっこよさが滲（にじ）み出ており、読む人の心を惹きつけてやみません。仕事に誇りを持ち、ひたむきに打ち込む職人たちの姿勢は、まさに現代人が忘れがちな大切な価値観を思い起こさせてくれるでしょう。

そんな本作を声に出して読むと、黙読だけでは得られない職人たちの息遣いや、彼らの魂が乗り移ってきて、心の底にまで響くのを感じるはずです。特に、五重塔を建てる場面の描写は見事で、職人たちの生き生きとした姿が浮かび上がってくるようです。

> 材を斫る斧の音、板削る鉋の音、孔を鑿るやら釘打つやら丁々かちかち響忙しく、木片は飛んで疾風に木の葉の翻へるが如く、鋸屑舞って晴天に雪の降る感応寺境内普請場の景況賑やかに、紺の腹掛頸筋に喰ひ込むやうなを懸けて小胯の切り上がった股引いなせに、つっかけ草履の勇み姿、さも怜悧気に働くもあり、汚れ手拭肩にして日当りの好き場所に蹲踞み、悠々然と鑿を研ぐ衣服の垢穢き爺もあり、道具捜しにまごつく小童、頻りに木を挽割日傭取り、人さまざまの骨折り気遣ひ、汗かき息張るその中に、総棟梁ののっそり十兵衛、皆の仕事を監督りかたがた、墨壺墨さし矩尺もって胸三寸にある切組を実物にする指図命令。

ほんの短い引用文ではありますが、斧を「よき」、木片を「こっぱ」と読ませるなど、漢字と大和言葉を自在に組み合わせることで、なかなかお目にかかれないような日本語の豊かさが際立つのがわかるのではないでしょうか。

漢語の持つ重厚感と大和言葉の軽やかさが掛け合わされ、美しさが二乗される。

幸田露伴が繰り出す組み合わせの自在さには、思わずほれぼれしてしまうほど。現代作家で、これほど美しい日本語を書ける人はいないようにも思います。

難しい漢字が多いがゆえ、残念なことに、近年この作品を読む人は少なくなっているのが実情です。しかし、これほどの名文を埋もれさせてしまうのは、非常にもったいない。

より多くの日本人にこの本を読んでもらうため、私は音読に適した日本文学をまとめた『音読破』（小学館）というシリーズの第四巻に『五重塔』を収録しています。こちらは総ルビ付きですから、手に取りやすいはずです。ぜひ声に出して、この作品が持つ独自のリズムや言葉の響きを味わいながら、その作品世界により深く浸ってみてください。

幸田露伴『五重塔』ワイド版岩波文庫（二〇〇一年）

# 第五章

# 魂を蘇らせる達人の思考

# ひとつの技を磨き、その道を探求する楽しさを知る

『五輪書（ごりんのしょ）』宮本武蔵（みやもとむさし）

江戸時代の剣豪である宮本武蔵が残した『五輪書』。これは、六十歳の宮本武蔵が、命がけの修行の末につかんだ極意を記したものです。

本書は、地・水・火・風・空という全五巻から成立しており、剣術や心身の鍛錬方法、戦場での戦略法についてなど、武士や剣士として生きるために必要な知識・技術が具体的に書かれています。しかし、その奥深さから、ただの指南書にはとどまらず、人生における指針となる本として、いまでも多くの人に読まれ続けています。

実は、私も大の宮本武蔵好きです。高校時代に吉川英治（よしかわえいじ）の『宮本武蔵』を読み、ひとつのことを究める生き方に感化され、「人生を宮本武蔵のように生きて行こう。恋

などにはうつつはぬかさず、自分を鍛え上げてひとつの境地に至る覚悟を持とう！」と決めました。武蔵への尊敬の念が強すぎたのか、当時お付き合いしていた人にも、「いまは女性にうつつを抜かしている場合ではないのだ」と説明した記憶があります（もちろん、いまでは「なぜあんなことを言ってしまったのか」と後悔していますが……）。

そんな宮本武蔵の『五輪書』に通底するのは、ひとつの技を磨き、剣術の道で生きていくという強い意志です。

地水火風空の各巻は「兵法の大意」「兵法の利」「合戦の理」などの具体的な項目に分かれていますが、武蔵が重要視しているのは、ただ技術を知識として「知る」ことではありません。その技術をきちんと鍛錬し、技として習得することです。さらに、技術にしても、同じ内容をただ反復練習すればよいわけではありません。それぞれの項目を一か条ずつ稽古して、鍛錬し、工夫し、吟味せよと武蔵は語ります。

本書の有名な言葉にある**「千日の稽古を鍛とし、万日の稽古を錬とす。よくよく吟味あるべきものなり」**。これは、千日間の稽古を通じて鍛え、万日間の稽古で技をより改善して洗練させること。この二つが合わさってはじめて「鍛錬」となるのだと武蔵は語ります。

そのほか、**「観の眼強く、見の眼弱く、遠きところを近く見、近きところを遠く見ること、兵法の専なり」**という言葉も印象的です。「観」とは森のように広いものを見る状態。「見」とは、その反対で、物事をできるだけ狭く見る状態です。

簡単に言えば、勝負する際は、二つの視点を持ち、広い視野で物事を見るのが肝心だということ。さらに、**「眼の玉動かずして、両脇を見ること、肝要なり」**と、具体的な指導法も記載されている。このあたりも、実用的です。

これぞ武蔵の精神性が現れている言葉といえば、**「仏神は尊し、仏神を頼まず」**。仏や神は尊いけれども、それを頼まないという意味。つまり、神仏に祈るようでは自分の心はまだまだ弱い。もっと心を鍛錬しなければならないということです。

このフレーズに強い影響を受けた私は、その後、しばらくの間、神社やお寺に行っても拝むことをしませんでした。神仏を尊いとは思うけれども、神頼みはしない。自分以外の存在に頼らないと決めた潔さは、なんともカッコいいものです。

私自身は、十代の少年時代に出会った『宮本武蔵』によって心に火をつけられましたが、六十歳を越えてから『五輪書』を読むと一層深みを感じます。知識も経験も得たいま、「もう一度何かの道に入って自分を鍛えてみよう」という心境になることで、人生の青春を再び呼び覚ましてくれるはずです。また、今後の人生のことを考えても、何かを探求すると、自分の行き先が果てしなく広がっていく心持ちになり、老後の人生について思い悩む暇がなくなるようにも思います。

なお、『五輪書』はさまざまな出版社から発行されていますが、個人的に推薦したいのがちくま文庫版です。表紙に描かれている、鳥が宿木（やどりぎ）に止まっている絵は、実は宮本武蔵自身が描いたもの。この絵を見ると、剣豪として自身の道を究めてきた武蔵が、晩年に至って、どのような境地に至ったかが伝わってくるようです。また、ちくま文庫版は現代語訳がついているので、その点でも読みやすく、おすすめです。

宮本武蔵『五輪書』佐藤正英・訳、校注　ちくま学芸文庫（二〇〇九年）

# 常識人を育てることで社会貢献する

『論語と算盤』渋沢栄一

日本の資本主義の父とも言われる渋沢栄一については、一万円札の顔にもなったうえにドラマなども放送されたので、ご存じの方も多いでしょう。そんな渋沢が執筆した『論語と算盤』は、人生をよりよく生きる上での座右の書にふさわしい一冊です。

本書は孔子が説いた道徳的教え『論語』の思想を「算盤」、すなわち経済活動に生かすための方法論が書かれています。まさか自分の本が後世にそんな形で活用されているると知ったら孔子も驚くかもしれませんが、実は孔子自身は長年政治の世界に生きており、国を支える若き官僚を育ててきた人物です。『論語』は、そんな孔子が次世代のリーダーに投げかけてきた言葉をまとめたものなので、その方法論を政治から経済へと応用させたのが、渋沢栄一のすごいところだと言えるでしょう。

『論語と算盤』で語られるのは、ただの金儲けではなく、道徳を備えた経済活動の重要性についてです。渋沢は、明治六年に「これからは経済を通して国を支える時代だ。だから自分は『論語』を生涯の指針とする」と宣言し、以来、『論語』の教えを経済に応用し、単に自分の利益を追求するのではなく、世のため人のために働く姿勢を重んじたのです。そのため、渋沢の事業は「渋沢財閥」として独立することなく、日本社会全体に貢献する形で展開されていったことでも知られています。

悪いことのように考えられがちな「お金儲け」ですが、本書では「貨殖富貴」という言葉で示した「正しい道を踏んで儲ける」姿勢が重要視されています。

孔子の言はんと欲する所は、道理を有た富貴でなければ、むしろ貧賤の方がよいが、もし正しい道理を踏んで得たる富貴ならば、あえて差し支ないとの意である。してみれば、富貴を賤しみ貧賤を推称した所は、さらにないではないか。この句に対して、正当の解釈を下さんとならば、宜しく『道をもってせずしてこれを得れば』という所によく注意することが肝要である。

このように孔子も正しい道を歩むことで得た富を否定していないことを引き合いに出しつつ、渋沢は「道を外さずに得た利益には意味がある」と考えました。

また、有名なのが「自ら箸を取れ」という言葉でしょう。

かくお膳立てをして待ってるのだが、これを食べるか否かは箸を取る人の如何にあるので、御馳走の献立をした上に、それを養ってやるほど先輩や世の中というものは暇でない。かの木下藤吉郎は匹夫から起こって、関白という大きな御馳走を食べた。けれど彼は信長に養って貰ったのではない。自分で箸を取って食べたのである。何か一と仕事しようとする者は、自分で箸を取らなければ駄目である。

ここでは、仕事がしたいなら他人任せにせず自ら行動する重要性が説かれています。

若き日の豊臣秀吉が草履を温めた逸話にも通じるように、自分で率先して動く姿勢こそがその成功の基盤を作ったのだと伝えます。

さらに、渋沢は「知・仁・勇」という三徳を理想としました。知は判断力、仁は他者への配慮、勇は行動力を意味しており、この三つのバランスが整った人こそが「常識人」である。そして、こうした人を育てることが社会の安定と発展の要(かなめ)だと渋沢は考えたのです。

この考えは、『論語と算盤』のなかでも語られる「門戸開放主義」に通じます。渋沢は、一部のエリートだけを相手にするのではなく、相談に来る人を決して拒まず、支援を惜しむことはありませんでした。悪人が必ずしも悪人に終わるとはかぎらないし、善人が必ずしも善人でいるとも限らない。ならば、悪人を悪人として憎むのではなく、悪人を導いてやりたいのだと語っています。これも「常識人を育てることが社会にとって大切だ」という想いがあったからなのでしょう。若者を導く機会が増える六十代に、この『論語と算盤』に触れることは、彼らへの接し方を見直すよい機会になるはずです。

渋沢栄一『論語と算盤』角川ソフィア文庫（二〇〇八年）

# 精神を鍛えなおす

## 『武士の娘』杉本鉞子

新渡戸稲造の『武士道』と並び称され、アメリカでベストセラーになったのが、杉本鉞子さんの『武士の娘』です。

作者の杉本さんは、越後長岡藩の家老の家に生まれたお嬢様です。そんな彼女が武家の娘として厳しく育てられた後、アメリカへと渡り、現地でどのように暮らしたのかが、本書ではしたためられています。

『武士道』は武士の大切な価値観を追求していますが、『武士の娘』では杉本さんご自身の生活や感情などが細やかに描かれるため、自伝のようでありながら、小説のように読み進められるのも特徴です。そのなかで伝わってくるのが、現代では失われつつある、日本人の古き時代の精神性です。

たとえば、杉本さんは武士の伝統の色濃い家庭で育てられたがゆえに、六歳にしてすでに四書五経を学んだそうです。

そんな難しい書物を幼少期から学んでいたことにも驚きますが、さらにすごいのが学業への姿勢です。稽古の間は、身動きは許されません。ただ一度だけ、杉本さんがほんの少し体を動かすと、師匠の顔にかすかな驚きの表情が浮かび、**「お嬢さま、そんな気持で勉強はできません。お部屋にひきとって、お考えになられた方がよいと存じます」**と苦言を呈されます。そして恥ずかしさのあまり、杉本さんは胸が潰れんばかりのいたたまれない想いを抱くのです。この一連の描写を見ても、現代では考えられないようなレベルの教育を受けていたことがわかります。

杉本さんは体が丈夫ではなかったので、厳しい教育に対してお母さんは心配になり、夫であるお父さんにこんな言葉をかける一幕があったそうです。

**ある時、私は母が父にこんなことを話しているのを聞いたことがありました。**

「旦那様、余り丈夫でないヱツ坊に、あんなきびしい勉強をおさせになられては、無理ではないかと思ったりしてみるのでございますが」

父は私を膝もとにひきよせ、やさしく肩に手をかけながら申しました。

「武家の教育ということを忘れてはならないよ。獅子は幼いわが仔を千丈の谷に蹴落して獣王に育て上げるというからね。それでこそ、生涯の大事をなしとげる力が養われるんじゃないか」


お父さんは娘を非常に可愛がってはいるものの、武家に生まれた者としてあえて厳しく育てることで、自分の娘には将来大きな仕事をしてほしいとの想いがあったのでしょう。その精神性の高さを見ると、我々など甘いものだと反省したくなります。

また、本作には日本人古来の美意識を感じさせるシーンも多くあります。杉本さんが故郷に帰り、子どもたちと共に桜の木を愛でる場面にも、日本人ならではの感性に気づかされます。

着いた翌朝は吹く風も穏かで、人力車を連ねて、変りはてた通りを抜け、菩提寺に詣る道すがら、あたりは花の香に満ち満ち、微風に吹かれて散る桜は、雁木の屋根に舞いおちるのでした。

「武士の死に際のいさぎよさを表す、この美しい桜の木を、日本人はどれほど愛したことであろうか」などと、私は溜息をつきながら考えておりました。

杉本鉞子『武士の娘』大岩美代・訳、ちくま文庫（一九九四年）

本書を読むと「かつてこの国には、こんな価値観を持った人がたくさんいたのだな」と驚かされる一方、昔の日本人が抱いていた潔さや力強さに尊敬の念を抱かざるを得ません。武士の時代を生きた日本人の高潔な感性に触れることで、そんな彼らに近づくために、自分の精神力を鍛錬したくなることでしょう。

## 明瞭な言葉使いの重要性を知る

### 『論理哲学論考』ウィトゲンシュタイン

ウィトゲンシュタインの『論理哲学論考』は、哲学の本としては、実はちょっと特殊な本です。

一見すると難解な哲学書に思えるのですが、有名な「**語り得ぬものについては、沈黙せねばならない**」という言葉をはじめ、短くまとまった名言が多い。哲学書は往々にして長くて難しいものになりがちなものですが、ウィトゲンシュタインの言葉は、どれも明瞭で、わかりやすい命題であふれています。日常会話に引用できれば、かなりカッコいいと思うので、二つか三つでもよいので、ぜひ本書のなかから気になる言葉を拾って、暗記してみてください。

さて、先ほどの「語り得ぬものについては、沈黙せねばならない」という言葉を、簡単に解説してみましょう。

私たち人間は常に混乱の中にいますが、その理由は明晰な言葉を使わないからだとウィトゲンシュタインは考えました。いま、周りを見回すと、政治家をはじめとして曖昧な言葉遣いが世の中には蔓延しています。意味も分からず言葉を使い回すと混乱するので、明晰に言葉を使えば問題ははっきりするはず。

そして、自分が明瞭な言葉を持たない事柄に対して語ることは、意味を成しません。たとえば、『論理哲学論考』のなかには「死は人生のできごとではない。ほとは死を体験しない」という言葉がありますが、人間は死を体験できないので、死について語りあうことはできません。また、神や神秘のように実態がわからぬものについても、「世界がいかにあるかは、より高い次元からすれば完全にどうでもよいことでしかない。神は世界のうちには姿を現しはしない」「神秘とは、世界がいかにあるかではなく、世界があるというそのことである」とウィトゲンシュタインは語っています。

そして、「答えが言い表しえないならば、問いを言い表すこともできない。謎は存在しない。問いが立てられうるのであれば、答えもまた与えられうる」「事実はただ問題を導くだけであり、解決を導きはしない」などという一文に至っては、聞けば聞くほど共感が生まれます。このように明解な語り口ですので、哲学が苦手な人でもすっと頭に入ってくるのです。

また、「世界の意義は世界の外になければならない。世界の中ではすべてはあるようにあり、すべては起こるように起こる。世界の中には価値は存在しない」などについても、その言葉の意味すべてはわからずとも、世の中には価値というものが実際にあるのか、それとも私たちの基準自体が曖昧なのかなど、いろいろと考えたくなってしまう命題だと言えるでしょう。

数学的な思考を感じられるのも、本書の面白さのひとつです。「事実の論理像が思考である」「『ある事態が思考可能である』とは、われわれがその事態の像を作り得るということにほかならない」「世界は成立していることがらの総体である。世界は事実の総体であり、ものの総体ではない」などと、まるで数式の命題のように、一つひとつの言葉が論理的に組み合わさっていくので、音読すると少し頭がよくなったような気にもなります。

六十代くらいになると、「自分の人生に価値はあるのか」という問いを抱きますが、考えてもなかなか答えが出ないので、多くの人が頭を抱えるところです。しかし本書を読むと、明確な答えが出ないのは、実は世界の見え方がぼやっとしているからであり、そもそも自分の問いの立て方自体が不明確なせいではないかとすら思ってしまいます。

たとえば「自分の人生は幸せだったのか」という問いを立てたとしても、「人生」や「幸せ」の基準が、そもそも曖昧なものです。曖昧な言葉で立てた問いは、曖昧な答えしか引き出すことができない。もしかしたら、ウィトゲンシュタインに言わせてみれば、実はこの問い自体はまったく意味を為(な)さないものになるのかもしれません。

人生経験の多い人ほど答えの出ない問いに悶々(もんもん)としがちですが、まず本書を読んで、明晰な問いの立て方から学んでみるのもいいのではないでしょうか。

ウィトゲンシュタイン『論理哲学論考』野矢茂樹・訳、岩波文庫（二〇〇三年）

# 自らの思考法を鍛える技を知る

『方法序説』ルネ・デカルト

「我思う、ゆえに我あり」という一言で広く知られるのが、哲学者のデカルトです。

デカルトのよさは、とにかく説明が論理的なので、彼の言葉に触れていると頭がすっきりするところ。その思考法に触れることで、人生を生きていくために非常に明確な頭の使い方ができるように思います。

『方法序説』は、「いかにして真理に到達するか」という方法論を示した作品です。

デカルトの思想とその方法論的アプローチを明確に述べ、近代哲学の基盤を築いた作品として高く評価されています。

「私は旅に出て、思考の実験をして、ある境地に達した。それで、不安と後悔から一生、脱却できた」と語るように、この作品では、デカルトがどのように理性を鍛えてきたかが明確に記されています。普通の人間は、過去に対する後悔と未来に対する不安に取り憑かれてしまうものですが、彼は後悔と不安から一生脱却できたと語る。これはすごいことです。しかも、デカルトはそうした後悔と不安からの脱却方法についても極めてクリアに書いているので、六十代前後の方々が読むと、人生を深く考え、前向きに進むための大きな一助となるはずです。

では、気になるその方法とは何か。それは徹底的に考え抜いて、あとは一気に果断に行動する「熟慮断行」をしっかりと行うことが大事だと、デカルトは説きます。

比喩として、デカルトは森のなかで道に迷った旅人の例を出しています。

森のなかで迷ったとき、行き先を決めずにフラフラしていては、いつまでも森から出ることはできません。でも、「この方向に進もう」と決めたのであれば、それに向かって突き進めば、いずれは森から出られるはず。

人生においても同じことです。「あっちじゃないか」「こっちじゃないか」とフラフラしていては、何かに到達することはできない。考え抜いた末に「これだ」と思うことを断固として続けることが重要なのです。その境地までいければ、知性によって後悔や不安を断ち切ることができる。近代的な理性を活用すれば、こんなにも精神がすっきりするのかと、本書を読めば驚くはずです。

理性を鍛える上で、彼は旅の重要性についても語っています。「私自身のうちに、あるいは世間という大きな書物のうちに見いだされるであろう学問だけを求めようと決心して、私の青春時代の残りを旅をすることに費やした」と語ります。つまり、知識のみならず、実体験を経て、新しい視点を得ることが有効だというのです。

デカルトは、こうした自身の考えが身につくように、何度も練習して、理性の働きを鍛えたそうです。その理由について、彼はこう語ります。

**良識はこの世で最も公平に配分されたものである。というのも、だれでもそれを十分に備えていると思っているので、他のどんなことにもなかなか満足しない人々でさえも、自分がいま持っている以上を決して望まないものだからである。**

つまり、良識とは誰にでも備わっていながらも、使い方がよくわかっていない。みんなに平等に備わっているのだからこそ、よりよく用いることが大事であって、その用い方については練習する必要があるというのです。

こうした思考法は、剣豪・宮本武蔵の精神と共通するものを感じます。実は二人とも同じくらいの時代を生きており、理性と行動のバランスを重要視し、練習を重ねて自分を高めていくという点で共鳴する部分があります。まさに、東の武蔵、西のデカルトと呼ぶのがふさわしいように思います。

『方法序説』の序盤には、有名な**「我思う、ゆえに我あり」**の言葉も登場します。このあたりまで読んでみるだけでも、きっと新たな視点が得られるはずです。この名著を手に取り、明晰な思考法で人生の再スタートを切ってみてください。

ルネ・デカルト『方法序説』山田弘明・訳、ちくま学芸文庫（二〇一〇年）

## 人間が抱えてきた無意識と向き合う

### 『精神分析入門』ジークムント・フロイト

現代を生きる私たちの物事の考えの多くには、心理学者のジークムント・フロイトの考え方が深く根付いています。

たとえば、現代の私たちは、人間には「無意識」があると知っています。この概念を深く分析したのも、実はフロイトです。彼は人間の心とは氷山のようなもので、水面上に見える部分が「意識」、水面直下が「前意識」、水面下の大部分が「無意識」だと解説しました。本書『精神分析入門』は、フロイトがウィーン大学で行った講義をまとめたもの。一般人向けにわかりやすく解説されているので、精神分析の導入にふさわしい一作です。

「無意識」のほかにも、フロイトが世に広めた概念は多々あります。たとえば、「抑圧」という言葉。この考え方なども、フロイトのおかげで広まった言葉のひとつでしょう。『精神分析入門』では、フロイトは無意識と意識の間で起こる抵抗を「抑圧」と定義しています。

それは無意識的なものだからこそ、症状を形成する力をもっているのです。分析による治療中には、無意識的なものを意識的なものに変えようとする努力に対しても同じような反抗が新たに向けられます。われわれはこれを抵抗と感じ取るのです。抵抗によってわれわれに示される病因的な心的過程を抑圧と呼ぶことにしましょう。

つまり、意識的には望んでいない衝動や欲求を無意識の内に押し込めることで抵抗が生まれ、抵抗が過剰になると、神経症を引き起こすこともある。だから、時には抑圧からの解放が必要なのです。このように、我々は「抑圧」という概念を知ることで、私たちが日々感じるストレスや心の葛藤に対して新たな視点を獲得しました。

なお、こうした抑圧のプロセスはディズニー映画『アナと雪の女王』で、触れるものすべてを氷に変えてしまう姉のエルサが、自分が抑えていた力を解放する瞬間にも通じるものがあります。大ヒットした曲の「Ｌｅｔ ｉｔ ｇｏ（ありのままで）」というフレーズの裏にある「ｉｔ」とは、無意識に抑えつけていた自分の本性や衝動を意味しているのかもしれません。エルサのように、自分の衝動を認識し、抑圧から解放することが、人間が健全な精神を保つためには必要なのです。

興味深いのが、人間の人格の構造についてです。フロイトは人間の人格の構造には「三人の暴君」が関わっていると紹介しています。その暴君とは、外界、超自我、エスの三つです。

外界とは私たちを取り巻く環境、超自我とは道徳や規範、そして、エスとは欲動（よくどう）という性的な要素も含めた本能的エネルギーです。そして、これらをコントロールするのが自我の存在です。

本能的に何か欲しいものがあっても、道徳や社会の規範が「それはよくない」と言い聞かせ、自我がその欲求を抑えようとします。しかし、抑えすぎるとストレスを感じ、逆に欲求を解放しすぎると周りとの衝突が生まれます。このバランスを取るのが自我の役割でもあります。

そして、精神分析療法の意図として、フロイトは「**自我を強め、自我を超自我からさらに独立させ、自我の認識領域を拡大し、自我の組織を完成し、その結果自我がエスの新しい諸部分を獲得できるようにするということにあるのです。かつてエスであったものを自我にしなければならないのです**」と語ります。つまり、自我を強くし、コントロール機能を強くすることが、精神分析療法の意義なのです。

本書は精神分析への理解を深めるに限らず、人類史に通じる文化論でもあります。たとえば、父親を敵視し、母親を独占したいという幼少期特有の心理状態であるエディプスコンプレックスについて、フロイトは人類全体の歴史の初めに身に着けたものではと推測します。自分の無意識に潜む欲求や衝動への想いから、壮大な人類の起源にも思いを馳せる。そんな己や人類のルーツをたどる精神の旅に歩みだす一助となってくれるでしょう。

フロイト『精神分析入門』高橋義孝、下坂幸三・訳、新潮文庫 上下巻（一九七七年）

## 純粋経験の価値に目覚める

『善の研究』西田幾多郎

日本の哲学史において、西田幾多郎の功績は非常に大きいと私は思います。彼がほかの学者と一線を画すのは、「哲学の学者」ではなく、自らが「哲学者」であろうとし、自らの哲学を打ち立てた点でしょう。

哲学というと、人は世界の見方や考え方の根本をイメージするものですが、西田幾多郎の面白さは、東洋的な感覚や経験を哲学思想にきちんと活かしたこと。まさに、東洋から生まれた哲学だと感じます。本書『善の研究』でも、実にさまざまな哲学思想が紹介されて行きます。

なかでも興味深いのが、西田が取り上げた「純粋経験」という概念です。純粋経験とは、日常の内で一瞬でも、主体もなく客体もない知識がその対象と全く合致しており、事実そのものの意識しかない状態だと彼は定義しています。

さらば、疑うにも疑いようのない直接の知識とは何であるか。そはただ我々の直覚的経験の事実すなわち意識現象についての知識あるのみである。現前の意識現象とこれを意識するということとはただちに同一であって、その間に主観と客観とを分かつこともできない。事実と認識の間に一毫の間隙がない。真に疑うに疑いようがないのである。

たとえば、氷を触って、氷が冷たいのか私の手が冷たいのかがわからず、「あ、冷たい」と感じた瞬間。これが純粋経験です。

川端康成の有名な小説『雪国』の冒頭で、「国境の長いトンネルを抜けると雪国であった」という瞬間も、「私」という主体と「雪国」という客体が未分の状態である「主客未分」なので、純粋体験になる。これは、「私が思う」「私が行動する」を重んじる西洋哲学とは一線を画す、実に東洋的な物事の捉え方ではないでしょうか。

そして、西田幾多郎は「すべて真理の標準は外にあるのではなく、反って我々の純粋経験の状態にあるのである。真理を知るというのはこの状態に一致するのである」、「直接経験の状態において、主客相没し、天地唯一の現実、疑わんと欲して疑う能わざる処に真理の確信があるのである」と指摘します。

たとえば、現在メジャーリーグで活躍する大谷翔平選手にしても、彼がホームランを打つあの瞬間は1秒にも満たないものです。そのわずかな瞬間に判断し、バットに角度をつけ、球を打ち、ホームランにする。これは、その瞬間、ボールに対してバットと自分の身体が一体となっていないと、できないことです。

仮に、大谷選手がピッチャーの投げた球を見て、分析し、「こうやって打とう」と考えていたら、タイミングを逸してホームランは打てないはず。大谷選手のホームランは、まさに純粋経験を目の当たりにしている際たる事例と言えるでしょう。

また、人が感動を感じた時は、自分と相手を分かつことはできません。花を見て「あ、美しい」と感じた瞬間、そこに合一、すなわちつながりが生まれます。

　我々が花を愛するのは自分が花と一致するのである。月を愛するのは月に一致するのである。親が子となり子が親となりここに始めて親子の愛情が起こるのである。親が子となるが故に子の一利一害は己の利害のように感ぜられ、子が親となるが故に親の一喜一憂は己の一喜一憂の如くに感ぜられるのである。我々が自己の私を棄てて純客観的すなわち無私となればなるほど愛は大きくなり深くなる。親子夫妻の愛より朋友の愛に進み、朋友の愛より人類の愛にすすむ。仏陀の愛は禽獣草木にまでも及んだのである。

西田幾多郎『善の研究』小坂国継・全注釈、講談社学術文庫（二〇〇六年）

六十代になれば、知識は十分にある。だからこそ、道の花に目を向ける、月がきれいだと感じる、といった主客未分の純粋経験から、新たな幸せを得ることができる。日々に見つけた純粋経験に意識を止めるだけでも、人生はより豊かで実りあるものになるはずだと感じます。

## 人生を楽しむ上での、興奮と退屈のバランスを考える

『幸福論』ラッセル

バートランド・ラッセルの『幸福論』は、カール・ヒルティやアランと並んで「世界三大幸福論」と呼ばれることもあります。ラッセルは本書で数学者的な視点から人生を考察する「分析哲学」という手法を採用しており、内容は非常に明快で実用的。私自身も、大いに影響を受けました。

特に印象に残っているのが、人生における退屈と興奮のバランスをとることの重要性についてです。ラッセルは「退屈は、有史時代を通じて大きな原動力であったし、（中略）特徴的に人間的な感情である」と述べています。

私たちは、祖先ほど退屈していない。それでいて、もっと退屈を恐れている。私たちは、退屈は人間の生れつきの定めではなく、がむしゃらに興奮を追求することで避けられる、ということを知るようになった。いや、むしろ、信じるようになった。

そして、退屈の反対は興奮であるとし、その興奮への欲求が、人間の行動に深く影響を与えているのだと解説します。

戦争、虐殺、迫害は、すべて退屈からの逃避の一部であった。隣人とのけんかでさえ、何もないよりはましに思えたのだ。それゆえ、退屈は、道徳家にとってきわめて重要な問題である。というのも、人類の罪の少なくとも半分は、退屈を恐れることに起因しているからだ。

ラッセルいわく、退屈には二つの種類があります。ひとつは実りを生む退屈、もうひとつは人を無気力にさせる退屈です。さらに、「退屈に耐える力をある程度持っていることが幸福な生活に不可欠であり、それを若い人に教えるべきだ」「実りある退屈から逃げることは、もっと悪い種類の退屈の餌食（えじき）になる」と提言しています。

たとえば、書道や囲碁を習う場合、どうしてもある程度の鍛錬が必要になります。入門したての頃の練習は同じことの繰り返しで、退屈なものかもしれません。ですが、地味な時間を積み重ねたがゆえに得られるものには確かな実りがあるし、退屈な練習を重ねるからこそ、経験値が上がり、技術的にもうまくなれるという面もあります。

日常生活に実りある退屈を取り入れることで、結果を焦ることなく、長期的にやる気を保ち、充実感を得ることができる。この本は、ただの哲学書にとどまらない、私たちにとって必要な「退屈力」を育む指南書でもあるのです。

また、幸福な生活には静けさが欠かせず、そのなかでこそ本当の喜びに気づくことができるものですが、現代の都市部や富裕層の生活にはこの静けさを欠くがゆえに、退屈に苦しむ人が増えています。大地から切り離された生活を送る私たちが、今後、退屈に耐え、静けさとどう向き合うかは非常に切実な問題になると言えるでしょう。

しかし、かくいう私自身も、退屈への恐れから刺激の強い映画やドラマに惹かれることがあります。スリル満点のアクション映画や犯罪者が暗躍する刺激的なドラマに夢中になり、さらなる刺激を求め、次から次へと作品を探してしまう経験はみなさんにもあるのではないでしょうか。

もっとも、これらの作品は幼い子どもたちには刺激が強いかもしれませんが、私のように六十代くらいになれば、興奮にはある程度免疫があるので、映画やドラマくらいは刺激の強いものを観てもよいのではと思っています。ただし、そんななかでも、退屈と興奮のバランスを取りながら生きていくことの大切さを、本書を通じて改めて再認識させられるはずです。

ちなみに、私は高校生の頃、英語の勉強も兼ねて本書を読んでいたのですが、ラッセルの文章は非常に美しい英語で綴られているので、読んでいて非常に心地よいものでした。もし、ご興味がある方は、ぜひ英語でも一読することをおすすめします。

『ラッセル　幸福論』安藤貞雄・訳、岩波文庫（一九九一年）

## 余った時間や資産を次の世代に分け与えることの大切さを知る

『幸福な王子』オスカー・ワイルド

『幸福な王子』というお話は、子どもの頃に一度は読んだことがあるものだと思います。この物語は、実は本当に短くて、三十ページにも満たないほどです。それでも、その印象はとても強く、一度読んだら忘れられない感動を残します。

ある町の広場に立つ「幸福な王子」の像と、一羽のツバメが登場します。宝石や金で飾られ、美しく輝く王子の像ですが、彼は自分の領地に住む貧しい人々の苦しみを目にし、涙を流します。その姿を見たのが一羽のツバメでした。ツバメは、南の温かい土地へ向かう途中でしたが、王子の声に耳を傾けます。

「燕よ、燕、かわいい燕よ」王子は申された。「一夜だけわたしのもとにとどまって、わたしの使いをしてはくれまいか？　あの男の子はとても喉が渇いているのだよ、そして母親はたいそう悲しんでいる」

「一夜だけ、私の頼みを聞いてほしい」と言われたツバメは「一晩だけなら旅を延期しましょう」と王子の頼みを引き受けます。そして、王子は剣の柄に付いている大粒のルビーをツバメに託し、それを喉が渇いている少年に届けるように命じます。その後も、王子は、ツバメの手を借りて、人々に宝石を少しずつ分け与えていきます。

すっかり冬が訪れた頃、南へ飛び立たなければならないツバメは王子に別れを告げに来ます。その頃の王子は、両目に入っていたサファイアも抜き取られ、全身を覆っていた金箔もはがされた状態で、もはや目も見えない状態でした。

しかし、王子はまたしても「もう一晩だけ」と頼みます。すっかり王子を慕うようになっていたツバメは頼みに応じ、王子の体に残っていた金箔をはがし、最後の使いを果たします。その後、冬の寒さに力尽きたツバメは「ずっとおそばにいます」と誓い、王子の足元で凍えて震えながら死んでいきます。

その後、装飾品を失った王子の像は、人々に「貧相だ」と邪魔者扱いされ、溶鉱炉で溶かされてしまいます。そして、溶けずに残った王子の鉛の心臓も、ツバメの亡骸とともに打ち捨てられてしまうのです。

王子がツバメの助けを借りて、自分が身に着けていた宝石や金を、人々へと分け与えていく。この描写には、与えることの尊さが象徴的に表現されており、多くの人の胸を深く打つものがあります。

そして、「分け与える」という想いは、年配になればなるほどに必要なものではないかと私は思います。確かに、自分の老後のための財産はある程度確保しておくべきですし、他人に過剰に分け与えたがゆえに、路頭に迷うことがあってはいけません。

しかし、生活に必要な財産を確保したうえで、若い世代に余った資産を分け与えることもまた、美しい生き方だと感じます。現在、少子化の影響もあり、若い世代に資産を送る仕組みとして「教育資金贈与」などが導入されています。現在のように、日本の富の多くが高齢者に集中している現状を見ると、このような仕組みの意義がよくわかります。

また、お金だけが「分け与える」手段ではありません。時間、労力、エネルギー、想いなども含めて、次の世代や困っている人に少しでも提供することが尊いのです。たとえば、早朝に街を歩くと、登校時に小学校の横断歩道で安全を見守っている高齢者の方々を見かけることがあります。毎日、雨の日も欠かさず活動されているその姿は、とても尊いものに感じます。これは、まさに幸福な王子のように、自分の労力や時間を若い世代に捧げている行為そのものです。このように、私たちの周りには「幸福な王子」が意外と多くいるのだと、改めて感じさせられます。

還暦を迎えたいま、この物語を読むと、もう一度自分の人生を見直し、余った時間や資産を次の世代に分け与えることの大切さを感じます。多くの人が若い頃から知っているであろうこの物語ですが、年齢を重ねたいまこそ、その意味が深く理解できるようになったと実感できるのではないでしょうか。

オスカー・ワイルド『幸福な王子／柘榴の家』小尾芙佐・訳、光文社古典新訳文庫（二〇一七年）

## 自分の「責任」や「人を信じる力」について考える

『人間の土地』サン＝テグジュペリ

仕事とは、自分を信じて任せてくれる人がいるから成り立つものです。誰かが信じてくれるからこそ、「想いに応えたい」「役に立ちたい」との気持ちが湧きおこるもの。『星の王子さま』の作者として知られる作家のサン＝テグジュペリも、「世の中の役に立ちたい」という気持ちを非常に強く持った人物の一人でした。

彼はパイロットとしても活躍しており、その体験は『夜間飛行』という作品にも活き活きと描かれています。ご紹介する『人間の土地』も、彼自身が生業のなかで得た経験をもとに、「人間が責任感を持って仕事を成し遂げるには何が必要か」を追求した作品です。

サン＝テグジュペリは、郵便飛行士として飛行機で手紙を運ぶさなか、夜間飛行中に地上を見下ろして、人々の家の灯りを見るたびに、その家で暮らす人々へ強い愛おしさを抱くようになったのでしょう。『人間の土地』の冒頭、アルゼンチンでの夜間飛行中に見た光景について、彼はこう語っています。

あのともしびの一つ一つは、見わたすかぎり一面の闇の大海原の中にも、なお人間の心という奇蹟が存在することを示していた。あの一軒では、読書したり、思索したり、打明け話をしたり、この一軒では、空間の計測を試みたり、アンドロメダの星雲に関する計算に没頭したりしているかもしれなかった。また、かしこの家で、人は愛しているかもしれなかった。それぞれの糧を求めて、それらのともしびは、山野のあいだに、ぽつりぽつりと光っていた。中には、詩人の、教師の、大工さんのともしびと思しい、いともつつましやかなのも認められた。

『人間の土地』のなかでも、感動的なのが「僚友」という章です。「僚友」とは同僚、すなわち仕事仲間を意味します。

郵便飛行士という仕事は、とてつもない距離を飛行機で飛びつづけるわけですから、常に危険と背中合わせです。事実、サン＝テグジュペリ自身、郵便飛行士時代にも遭難の経験がありますし、第二次世界大戦中の一九四四年に、偵察飛行のため単機出撃したまま行方不明となり、その消息を絶っています。

本章では、自分や友人たちの遭難の体験やその心情について綴っていますが、アンデス山脈で遭難した仲間の飛行家であるアンリ・ギヨメに思いを馳せ、次のように思案する場面があります。

彼の偉大さは、自分に責任を感ずるところにある、自分に対する、郵便物に対する、待っている僚友たちに対する責任、彼はその手中に彼らの歓喜も、彼らの悲嘆も握っていた。

一度手を付けた仕事は、信頼を向けてくれる人がいる以上は、応えるべきである。

また、自分の仕事が世界の役に立っていると感じる重要性についても、彼は述べています。この章は、非常に感動的で、責任を持って自らの役割を果たす重要性について、改めて考えさせられるはずです。

「責任」に対するサン＝テグジュペリの考え方は、代表作である『星の王子さま』にも垣間(かいま)見られます。自分の星で一本のバラを世話していた王子さまですが、そのバラがあまりにもわがままで、不満も抱えていました。そんな彼に地球で出会ったキツネはこう指摘します。「君は飼いならしたあいてに、いつまでも責任があるんだ。君は、君のバラにたいして責任があるんだ」と。

人間の仕事、そして責任や役割について。六十代になったいまだからこそ、本書を通じて再考してみると、ご自身の新たな存在意義を見出(みいだ)せるかもしれません。

サン＝テグジュペリ『人間の土地』堀口大學・訳、新潮文庫
（初版：一九五五年、改版：二〇一二年）

## 元気を取り戻し、人生の新たな意味を見つける

『ツァラトゥストラ』ニーチェ

これまでの自分の生き方は正しいのか。六十代になって、ふと生き方を見失ってしまったとき、自分自身の価値を再認識させてくれるのが、『ツァラトゥストラ』です。

本作は、フリードリヒ・ニーチェによる哲学的な物語作品で、古代ペルシアの預言者であるゾロアスター（ツァラトゥストラ）を主人公にしています。物語は、ツァラトゥストラが長い瞑想(めいそう)の末に山を下り、様々な人々に自らの教えを説く旅に出るところから始まります。難しい言葉も多いのですが、読むと元気が出るようなメッセージが多数込められています。

冒頭、ツァラトゥストラは長らく山中にいたものの、知恵を蓄えすぎたので、誰か

にその知恵を分け与えようと考え、下界へと向かうのです。この作品の魅力のひとつであるツァラトゥストラの豪快さは、山を下りるシーンにも表れています。

　ある朝、かれは空を染める紅(くれない)とともに起(た)ちあがり、日の前に歩み出、日にむかってこう語った。
「おまえ、偉大な天体よ。お前の幸福も何であろう、もしお前がお前の光を注ぎ与える相手をもたなかったならば。
　十年間、おまえはこの山に立ちのぼって、わたしの洞窟(どうくつ)を訪ねた。もしそこにわたしとわたしの鷲(わし)と蛇とがいなかったら、おまえはおまえの光とおまえの歩みとに倦(う)み疲れたことであろう。

つまり、太陽は多くの光の恵みを人々に与えているけれども、その光を受け取るものがいなければ、太陽の幸福もたいしたことはないだろうから、知恵を持つ自分も、山を下りてこの知恵を誰かに分け与えて喜びを得たいのだと述べているわけです。仮に現実世界で太陽に向かってそんな言葉を言う人がいたら、なかなか敬遠されそうですが、これこそツァラトゥストラのユニークさだと言えます。

また、ニーチェの最も有名な「神は死んだ」という一節が登場します。この言葉は、私たちが神をはじめとする外部の存在に依存することなく、自らの力で人生を切り開くべきだというメッセージを強く伝えるものです。

では、人間が目指すべき存在とはなにか。それは、人間が持つ弱さや感情に囚われず、人生のあらゆる困難を肯定し、それを乗り越えた存在「超人（ユーバーメンシュ）」です。これは決して、超能力者のことではありません。

この超人が誕生するプロセスは、「駱駝・獅子・小児」という段階が必要だと、ニーチェは語ります。重荷に耐える義務の精神を持つ「駱駝」から、義務や体制に対して「否」という「獅子」へ。そして、新たな価値を創造し遊戯として行う存在として、無垢なる「小児」のような精神に至るのが理想的である、と。

さらに、ニーチェは「永劫回帰」という概念を通じて、人生のすべてを肯定的に捉え、繰り返す価値のあるものとして愛するようにと提言します。「永劫回帰」とは、すべての出来事が無限に繰り返されるという概念です。仮に私たちが経験する人生や出来事が、永遠に何度も同じ形で繰り返されるとしたら、私たちは人生を肯定的に受け取れるでしょうか。いいことだけを繰り返したいと思いがちです。

しかし、ニーチェは「永遠に繰り返されてもいい」と思えるほどに、私たちがいまこの瞬間を深く感じ、過去の嫌な出来事も受け入れる覚悟を持てたなら、「きょうこの一日に出会ったために――わたしははじめて満足した。今までの全生涯にたいして」「『これが――生だったのか』わたしは死にむかって言おう。『よし！　それならもう一度』と」と感じるほどの真の喜びを見つけることができるのだと語ります。

六十代という年齢に達すると、若い頃のような勢いは失われるかもしれません。しかし、ニーチェを読むことで人生を豊かなものにしたいという活力が湧いてきます。また、「永遠に続いてほしい」と願うような一瞬を察知することで、改めて人生の意義や喜びに対する目覚めが生まれてくるかもしれません。

ニーチェ『ツァラトゥストラ』手塚富雄・訳、中公文庫
（初版：一九七三年、改版：二〇一八年）

## 他力に任せ、心の平安を保つ

『歎異抄（たんにしょう）』唯円（ゆいえん）

数ある仏教書のなかでも『歎異抄』という書物は、多くの方に人気があります。浄土真宗の開祖である親鸞（しんらん）自身が書いた文章は難解で、解釈するのに苦労することが多いのですが、一方で『歎異抄』は弟子の唯円が親鸞の言葉を記録した作品です。それゆえ、その生き生きとした語り口から、まるで親鸞が隣で話しかけてくれるような親しみやすさを感じられる。この点が、多くの人々に支持される理由なのだと思います。

私も以前『声に出して読みたい親鸞』（草思社）という本を出したことがあるのですが、そこでも親鸞の言葉が持つ力を強く感じました。

『歎異抄』には数多くの有名な言葉が収録されていますが、特に有名なのが「善人（ぜんにん）なほもつて往生をとぐ、いわんや悪人をや」という一節で知られる「悪人正機説」です。
ここで言う善人とは、自分の力で悟ることができる「善根」を持つ人のことです。一方で、悪人とは単に悪事を働く人という意味ではありません。自ら悟る素質がなく、自分の力に頼らずに救いを求める者のことです。
では、なぜ、親鸞聖人は「悪人のほうが救われやすい」と説いたのでしょうか。その理由について、『歎異抄』ではこう語られています。

煩悩具足のわれらはいづれの行にても生死をはなるることあるべからざるを、あわれみたまいて願をおこしたまう本意、悪人成仏のためなれば、他力をたのみたてまつる悪人、もっとも往生の正因なり。

自力で悟れる善人は、阿弥陀仏の他力に頼る必要がありません。しかし、煩悩だらけの悪人は自力を捨てて阿弥陀仏の他力に頼るがゆえに、浄土に行くことができるのだと親鸞は説いているのです。

自分で悟れないからこそ、他力のありがたみがわかります。

また、**「専修念仏のともがらの、わが弟子、ひとの弟子といふ相論の候ふらんこと、もつてのほかの子細なり。親鸞は弟子一人ももたず候ふ」**という言葉が出てきます。これは、親鸞が「弟子を持たず、共に念仏を唱える仲間として生きる」という姿勢を一貫して持ったからです。自らを「凡夫」と呼ぶ親鸞は、指導者という特別な立場に立つのではなく「一緒に念仏しましょう」という気持ちで、弟子たちや私たちに語りかけているのです。この点が、彼の謙虚な人格を感じさせ、多くの人の心を惹きつけるのでしょう。

また、念仏の道について、親鸞は「易行」、つまり「易しい行い」であると語っています。一生に一度でも本気で「南無阿弥陀仏」と唱え、阿弥陀仏の救いに心から信頼するならば、それだけで浄土に行くことが決まるとまで言い切っているのです。これほど力強く、そして気迫に満ちた教えを私は他に知りません。

親鸞はもともと浄土宗をひらいた法然に師事しており、その影響は大きく、信頼も厚いものでした。『歎異抄』のなかで、「仮に法然上人の教えが間違っていてもかまわない。自分は自力では地獄に行く身だ」と語り、師である法然への深い信頼を示しています。その姿勢には、潔さと覚悟があります。

たとひ法然聖人にすかされまゐらせて、念仏して地獄におちたりとも、さらに後悔すべからず候ふ。そのゆゑは、自余の行もはげみて仏に成るべかりける身が、念仏を申して地獄にもおちて候はばこそ、すかされたてまつりてといふ後悔も候はめ。

『歎異抄（現代語訳付き）』本願寺出版社（二〇〇二年）

そして、親鸞が説く「他力」の思想は、私たちが人生のなかで不安を抱えるときにも役立つものだと感じます。自分の力にこだわらず、阿弥陀様に心を開いてすべてを任せることで、心が軽くなり、気持ちが安らぐのです。この本を通じて、時にはすべてを委ねることの価値を知り、心の平安を見つけてほしいと思います。

## 空海の壮大な精神性に触れる

『空海コレクション』空海

平安時代以降、日本の仏教の歴史を支えてきたのが、「密教」の存在です。その密教を日本に伝えたのは、真言宗の開祖である空海です。

空海は非常な秀才で、留学先の唐では驚異的な吸収力を発揮して密教を学び、その思想を前人未到の領域まで深めたと言われています。また、一部では超能力を発揮したとの逸話も聞かれるほど、超人的なカリスマを持った人物でした。

学校の歴史の授業にもかならず登場するなど、有名な空海ではありますが、一方で「では、空海の書いたものを読んだことがあるのか?」と問われると、その経験がないという人は多いのではないでしょうか。

この『空海コレクション』は、空海の著作物を現代語訳、解説付きでまとめたシリーズであり、その難解な思考に親しみやすく触れる導入となる作品です。

読みはじめればまず誰しもが「空海という人物はこんなにレベルの高い文章を大量に書いていたのだな」と驚かされることは間違いありません。

なかでもすごいのが、本書に収録された「秘蔵宝鑰」という仏教の教義書。空海が密教の教えと自身の悟りをまとめたものであり、特に「十住心」という、仏教における心の発展段階を示す教えが重要な主題となっています。

空海は、人間の一生について「**生まれ生まれ生まれ生まれて生の始めに暗く　死に死に死に死んで死の終りに冥し**」と表現しており、人生とは闇から光を求めて進む旅であることを示唆しているのです。

その闇から抜け出すステップとして、「秘蔵法鑰」で語られるのが「十住心」です。これは、心の成長過程を、低次元から高次元へと十段階に分け、発展させる方法を描いているのです。

ここで語られるステップは、単なる宗教的修行に留まらず、倫理的な目覚めや道徳的な発展、そして宗教的自覚に至るまでのすべてを含んでいます。これらの心の進化は、単に仏教徒としての修行に限らず、現代社会で生きる私たちが自己を磨き、深い思索を重ねるための手引きにもなるものです。

ちなみに本書のなかでは、空海が求めた最高位の心の状態とは、単なる宗教的な悟り以上に、密教の真髄である「神秘体験」を通じて仏教の本質を深く体得することだと解説されています。

人間存在としての自覚が起こらない、いわば動物的な心の状態から倫理道徳の目覚め、そして倫理道徳を超えた宗教的世界の自覚、しかも宗教的自覚にも低次元より次第に高次元の段階にすすみ、最高位の曼荼羅（マンダラ）世界に到達する。それは人間としての浅い自覚から最も深い自覚に至るプロセスといったらよいであろう。あるいは総括的な人間存在の自覚的世界観といってもよい。

これは、同じ時期に唐へと渡った最澄（さいちょう）とのライバル関係のなかで、空海が「顕教（けんぎょう）」、すなわち当時の天台宗(てんだいしゅう)を批判的に捉え、密教の奥深さにこだわった理由でもあります。

さらに、密教の象徴として有名な「曼荼羅」は、単なる絵ではなく、宇宙そのものを象徴する心理的宇宙の地図であり、「曼荼羅は諸尊の集合図であり、究極のさとりの世界である」と表現されています。

そして、曼荼羅と共に、マントラ、つまり「真言」にも大きな意味が込められています。空海の思想では、マントラは単なる言葉以上の存在で、宇宙の真理を表現する言葉です。曼荼羅とマントラをセットで体得することで初めて、真の悟りの境地に達するとし、この点に、顕教では説かれない密教の豊かさが強調されています。

空海の著作は非常に壮大な思考に裏打ちされたもので、人生をかけて挑戦する価値があります。たとえその一部であっても、一度触れてみることで、空海が追求した文化や宗教の深みを感じ取ることができるでしょう。

『空海コレクション』ちくま学芸文庫 全四巻
（第一・二巻：二〇〇四年、第三・四巻：二〇一三年）

# 物事の見方を学ぼう

『無常という事』小林秀雄

私が高校生だった頃、文芸評論家の小林秀雄は、文芸界のスターでした。小林の文章はどれも決めゼリフのようで、回りくどい部分もあるのですが、その文体がどこかかっこいい。たとえば、彼が残した有名な一節「**美しい『花』がある、『花』の美しさという様なものはない**」という文章を見てみましょう。それぞれに美しい花はあるものの、「花の美しさ」という、抽象的、一般的なものは存在しない。一見、意味が捉えにくいのですが、この挑戦的な言い回しにこそ、小林の独特な視点が見て取れます。

小林秀雄の文章は、ただの文学的技巧にとどまらず、私たちに「物を見るとはどういうことか」を問いかけてくれます。なかでも本作『無常という事』は、わずか四、五ページに収まる非常に短い内容ですが、これほど多くの読者に長く読み継がれているのは、その文章に奥行きがあるからでしょう。

本書のテーマは、「常ならぬ」を意味する「無常」について。この短文は、鎌倉時代の文章である「一言芳談抄（いちごんほうだんしょう）」の引用から始まり、比叡（ひえい）山の山王権現（さんのうごんげん）で若い女房が夜中に鼓（つづみ）を打ち、この世の無常をうたうという内容です。そして、小林が実際に山王権現に行ったとき、絵巻物を見たかのようにこの情景が突然心に浮かびます。

引用ではなく、鎌倉時代に生きる鼓を打つ若い女性の感覚に触れたかのような、共感的な理解が起こった。この体験が起きたのは、昔から自分が長いこと古典になじんでいたがゆえに、原文が体に残っていたことを「思い出した」からだと小林は考えるのです。

この経験をもとに、小林の胸の内には、現代人が考える「無常」という感覚に対する疑問が生まれ、「もっとたしかな無常観がかつてあったのだ」と確信します。ヘラクレイトスの「万物流転（パンタレイ）」のように、万物は変わり続け、世の中は無常であるとの感覚は、多くの人が抱くものです。しかし小林は、私たち現代人には「無常」の感覚がわかっていないと語ります。なぜなら「常なるもの」が見えていないからです。

では、常なるものとは何か。その答えについて、小林は『古事記』を解読した本居宣長を引き合いに出し「解釈を拒絶して動じないものだけが美しい、これが宣長の抱いた一番強い思想だ。解釈だらけの現代には一番秘められた思想だ」と言及します。

解釈を拒絶して動じないもの。それを説明する上で、おもしろいのが川端康成との対話のなかで生まれた「死ぬと人間の形がしっかりする」という表現です。

「生きている人間などというものは、どうも仕方のない代物だな。何を考えているのやら、何を言い出すのやら、仕出来すのやら、自分の事にせよ他人事にせよ、解った例しがあったのか。鑑賞にも観察にも堪えない。其処に行くと死んでしまった人間というものは大したものだ。何故、ああはっきりとしっかりとして来るんだろう。まさに人間の形をしているよ。してみると、生きている人間とは、人間になりつつある一種の動物かな」

反対の言葉の背後に真理がある「逆説的表現」を使っているので、理解しにくい部分もありますが、人間は亡くなることで歴史となり、「常なるもの」として解釈を拒絶し、確固たる存在感を発揮するのだと小林は主張します。そして、鎌倉時代の人々は確固たるものが見えていたからこそ、「無常」を理解していたのだ、と。

すでにこの世を去った人々や古典に描かれた想いは、歴史のなかで形あるものとして、たしかに存在します。そして、小林は「**現代人には、鎌倉時代の何処かのなま女房ほどにも、無常という事がわかっていない。常なるものを見失ったからである**」という言葉で、本文を結びます。

古典の魅力は、時代を遠く隔てた当時の人々との想いを分かち合えることです。遠く離れた時代に生きた人々への共感を抱く経験は、私たちがこの世に生きる意味をより深みのあるものにしてくれる。小林の文章に触れることで、古典を読む際の視点が、より研ぎ澄まされていくはずです。

小林秀雄『モオツァルト・無常という事』新潮文庫（初版：一九六一年、改版：二〇〇六年）

# 第六章

# 若い世代へ何を継承するか

# 人生の「春夏秋冬」を見つける

『留魂録』吉田松陰

幕末の一八五九年（安政六年）に処刑された、長州藩の思想家である吉田松陰。そんな彼が獄中、自らが開いた松下村塾の門弟のために、処刑される前日までに一日半かけて書いた遺書が、この『留魂録』です。

日本の歴史を振り返ったとき、吉田松陰の松下村塾の影響を避けて考えることはできません。まず、松下村塾で学んだ高杉晋作は、自身が作った奇兵隊で幕府軍を破り、反幕府軍は最終的には江戸幕府を倒すまでに至ります。初代総理大臣である伊藤博文や、初代内務大臣や総理大臣も務めた山縣有朋も、松下村塾の塾生でした。

開校期間はわずか三年半でしたが、吉田松陰はその短い期間で、若者たちと熱い議論を交わし、志を共有していきました。塾内では、日々、熾烈な議論や情報交換が行われていたと言われます。特に有名なのが「飛耳長目帳」です。塾生のみんなが見聞きした情報を書き込む帳面があり、その新情報を得て、みんなで「いまの日本はどういう状況なのか」という知見を深めていったと言われています。

吉田松陰自身も非常にユニークな人物でした。彼は国防を考える上で東北地方に関心を持ち、藩のルールを破って単身勝手に東北地方に行き、捕まったことがあります。また、黒船が来航した際も、国防意識から船に乗り込み、そこでも捕まってしまいます。**「かくすればかくなるものと知りながらやむにやまれぬ大和魂」**という彼の歌にもあるように、捕まるとはわかってはいるものの、国のためと思うと行動が我慢できないほどに、愛国心が強い人だったのだと思います。

その後、安政の大獄の流れを受けて処刑されてしまうわけですが、**「身はたとひ武蔵の野辺に朽ちぬとも留置かまし大和魂」**との歌も残すほど、その愛国心は並々ならぬものがありました。事実、『留魂録』の冒頭には、こんな言葉が記されています。

余是れを用ひず、一白綿布を求めて、孟子の「至誠にして動かざる者は未だ之れ有らざるなり」の一句を書し、手巾へ縫ひ付け携へて江戸に来り、是れを評定所に留め置きしも吾が志を表するなり。

「至誠というものがあれば動かないものはいない」という孟子の言葉を引き合いに出すほどに、自分は志を大事に生きてきたのだと彼は書き連ねているのです。

また、印象深いのが「今日死を決するの安心は四時の循環に於いて得る所あり」というくだりです。この文章は「吾れ行年三十。一事成ることなくして死して禾稼の未だ秀でず実らざるに似たれば惜しむべきに似たり。然れども義卿の身を以て云へば、是れ亦秀実の時なり、何ぞ必ずしも哀しまん」と続きます。つまり、途中で処刑される私は道半ばで倒れるように見えるかも知れませんが、何も悲しいことはないのだと語っているのです。義卿とは松陰のことです。

文中の「四時」とは春夏秋冬を意味します。吉田松陰は人生においても春夏秋冬の季節があり、たとえ短命でもそれぞれの人生には四季があるのだと考えていました。

二十歳の人間には二十歳なりの、三十歳の人間には三十歳なりの、五十歳は五十歳の春夏秋冬がある。

だからこそ、吉田松陰は三十歳にしてこの世を去るにしても、十分にその四季はまっとうした、すなわち自分の役割は果たしたと考えていた。そして、「自分は種をまいたのだから、後を頼む」と生き残った塾生たちに伝えたのです。

松陰は、己の志を次世代に引き継いだことで、人生に実りはあったと考えました。当然、六十代まで生きる我々の人生にも、春夏秋冬はあるはず。いまの自分は春夏秋冬のどの部分にいるのか。また、後世に残る種を植え、実りある成果につながる行動を起こせているのか。本書『留魂録』を読むたびに、その覚悟を突き付けられるような気持ちになります。

吉田松陰『留魂録』古川薫・全訳注、講談社学術文庫（二〇〇二年）

## 自らの罪悪感を、教訓として若者に伝える

『こころ』夏目漱石

夏目漱石の『こころ』は、高校の教科書にも登場するほど、多くの方に読まれている作品です。物語は、「私」が大学生の時に出会った「先生」との交流から始まります。先生は、他人と距離を置きながらも謎めいた存在で、「私」は彼に強く惹かれていきました。そして、「私」が、先生の授業を受けたいと懇願した際、こんなやりとりが繰り広げられます。

「あなたは本当に真面目なんですか」と先生が念を押した。「私は過去の因果で、人を疑りつけている。だから実はあなたも疑っている。しかしどうもあなただけは

疑りたくない。あなたは疑るには余りに単純すぎるようだ。私は死ぬ前にたった一人で好いから、他を信用して死にたいと思っている。あなたはそのたった一人になれますか。なってくれますか。あなたははらの底から真面目ですか」
「もし私の命が真面目なものなら、私の今いった事も真面目です」
私の声は顫えた。

この「死ぬ前にたった一人で好いから、他を信用して死にたいと思っている」という先生の一言は、やがて大きな意味を持つことになります。その後、二人は親交を深めるなか、先生は自らの過去と友人「K」の死にまつわる秘密を打ち明け、そこではじめて「私」は、これまで先生が抱えてきた罪悪感に直面することになります。

物語の後半部分は、そんな先生とKの関係を中心に進んでいきます。Kは、非常にストイックで理想に忠実な人物で、仏教の修行僧としての道を志していましたが、家庭の事情でその道を断念し、先生と同じ大学に進学します。彼は先生とは非常に良い関係を築いていましたが、ふたりが下宿先のお嬢さんという同じ女性に恋をしたことで、その関係は大きな曲がり角に差し掛かるのでした。

そんな折、Kは先生に向かって「精神的に向上心のない者は馬鹿だ」という言葉を投げかけます。お嬢さんの前でそういわれた先生は、Kから自分自身に対する強い非難だと受け取るのです。そして、恋敵を倒すため、お嬢さんへの想いに悩むKに対して、先生は同じく「精神的に向上心のない者は馬鹿だ」との言葉を投げかけます。

> 私は彼の使った通りを、彼と同じような口調で、再び彼に投げ返したのです。しかし決して復讐ではありません。私は復讐以上に残酷な意味をもっていたという事を自白します。私はその一言でKの前に横たわる恋の行手(ゆくて)を塞(ふさ)ごうとしたのです。

Kは強い倫理観を持った男です。恋愛にうつつを抜かすなどという向上心のないことをするなと先生にやり込められた際、強いショックを受けます。そして、その直後、先生は下宿先の奥さんに「お嬢さんをください」と申し入れ、Kを出し抜く形で先生はお嬢さんと婚約します。Kはその事実を下宿先の奥さんから聞かされるものの、以前と全く変わらぬ様子で先生と接していました。そんな彼の様子を受けて、先生の罪悪感が高まるなか、数日後、Kは自ら命を絶ちます。この取り返しのつかない事件の後、先生は罪の意識を心の中に抱え続け、自らの贖罪（しょくざい）を果たすべく生きてきたことが明らかになるのです。そこで「私」の存在に出会い、信頼できると認めたからこそ、自らが長年抱えてきた罪悪感の根源を伝えようと決意した。それこそが、先生にとって倫理的な生き方だったのです。

年齢を重ねると、自分自身の過去と向き合い、「あんなこと言わなきゃよかった」「なぜあんな馬鹿なことをしたのか」と過去を後悔する機会も増えるでしょう。忘れてしまうのもひとつの手ではありますが、自責の念を持って生き続けるという選択もあります。六十代になると、自分の内面に抱え込んできたものを若い人に伝えたい心境に至ることもあります。先生のように、その苦しみや悩みを次の世代に伝え、自らの教訓から多くの人に学んでもらうことこそが、贖罪になるかもしれません。

夏目漱石『こころ』岩波文庫（初版：一九二七年、改版：一九八九年）ほか

# 次世代の教育の方向性について考える

## 『学校と社会』ジョン・デューイ

アメリカ人の哲学者デューイの『学校と社会』は、世間一般ではあまり知られていませんが、歴史的な名著です。本書は、教育の役割とその実践に関する革新的な考えを提示しており、現在の社会にも通じるような教育に関する思想が数多く述べられています。

まず、デューイが重視したのは、実体験による経験です。学校教育というものは、どうしても各教科に分かれた暗記に終始しがちです。しかし、この場合、すでにそこに知識というものは存在しており、子どもたちはそのインプットを求められる。

でも、デューイは、学校は単に暗記や試験に明け暮れるような知識を伝えるだけの場ではなく、社会生活の縮図となる場として、実体験をもっと大事にすべきではないかと主張しています。つまり、教育は子どもたちの自発性や社会的な相互作用を育む機会を重んじ、実践的な学びを通して社会の一員として成長することを目指すべきだと考えたのです。

デューイは、子どもたちが経験から学ぶべき理由として、現代において「家庭と近隣から有用な仕事がなくなってしまったからだ」と説いています。

> こんにちでは、産業の集中と労働の分業によって、家庭と近隣から有用な仕事がなくなってしまった――すくなくとも教育目的のうえからいえば、そういってよい。しかし、子どもたちがおとなしく、敬（うやま）いぶかく、そして黙々と服従していた古きよき日が過ぎ去ったことを嘆くことは無益である――たんに嘆いたり戒めたりすることによってかえらぬ昔をよびもどそうとするのならば。

デューイが理想としたのは、教科を超えた総合的な学びで、日々の生活に必要な知識やスキルを身に着ける経験を積むことです。この経験は単なる知識の習得にとどまらず、子どもたちの責任感や問題解決能力を育むことにもつながります。

そこで彼は、学校をひとつの社会として整え、生徒個人が抱いた願望や疑問から出発して世の中に何が必要なのかを考えさせる環境を求め、自らの理論を実践すべく、シカゴ大学に実験学校という学校も設立しました。また、彼は体験の重要性について、こうも述べています。

> 知識を授けるための実物教授として、仕組(しく)まれた実物教授をどれほどやっても、農場や庭園で実際に植物や動物とともに生活し、その世話をするうちに、動物や植物に通じる、その呼吸にはとうてい代りうべくもない。訓練を目的として学校でどれほど感覚器官の訓練をやってみても、平常の仕事に日々身を入れ心を配(くば)ることによって得られる感覚生活の溌剌(はつらつ)さと充実さには、とうてい匹敵しうべくもない。

そんなデューイの影響は、日本の教育にも及び、大正時代から「新教育運動」として取り入れられました。そのなかで、形式的な作文ではなく、自分の感情を表現した作文を書くことや、身近なものを観察して描く絵画活動など、当時の型にはまった教育から脱却する試みが実践されます。暗記よりも思考力を重視するデューイの教育観は、現代の学習指導要領にも反映されています。

現在、長野県伊那市立伊那小学校では、教科書を使わない総合学習を重視しており、授業の一環として生徒たちがヤギや牛を飼う実験授業も行われています。私も見学に行きましたが、授業を通じて、餌の管理やお金の計算、交渉、出産など実にたくさんの出来事に遭遇するため、それに対処するためにたくさんの活きた知識を学ぶことになります。その様子は、まさにデューイの理論の実践とも言えます。この小学校の教育方法は『もう一つの教育〜伊那小学校春組の記録〜』というドキュメンタリー作品にまとめられ、撮影をカンヌ映画祭で受賞した是枝裕和監督が手掛けています。

六十代に差し掛かると、次世代を導く立場も増えていきます。デューイの教育理念に触れ、次世代の教育の在り方を考える機会を持ってみてはいかがでしょうか。

デューイ『学校と社会』宮原誠一・訳、岩波文庫（一九五七年）

# 知を愛するとは何かを再考する

『ソクラテスの弁明』プラトン

『ソクラテスの弁明』は、紀元前三九九年にアテネで行われた、哲学者ソクラテスの裁判における弁論を記録した作品です。ソクラテスは、若者を堕落させ、国家の信仰している神々を否定し、新しい神々を導入したという罪で裁判にかけられ、猛反論するものの、死刑を宣告されてしまうのです。この出来事を目の当たりにした弟子のプラトンが、裁判を記録し、『ソクラテスの弁明』という作品として残しました。本書は、知を愛し、問い続けることの意味を深く理解する上で、良い入口になる一冊であると私は思います。

本書において重要なのは、ソクラテスが何よりも、魂そのものをより良くしていくことに重きを置いていた点です。彼は自分の命が危険にさらされても、その信念を曲げることはありませんでした。それは、彼にとって、魂への配慮こそが最も重要であり、名誉や評判などの外的な要素よりも、自らの魂の成長を追求することのほうが大切だと考えていたからです。

息のつづく限り、可能な限り、私は知を愛し求めることをやめませんし、あなた方のだれかに出会うたびに、勧告し指摘することをけっしてやめはしないでしょう。いつものように、こう言うのです。

『世にも優れた人よ。あなたは、知恵においても力においてももっとも偉大でもっとも評判の高いこのポリス・アテナイの人でありながら、恥ずかしくないのですか。金銭ができるだけ多くなるようにと配慮し、評判や名誉に配慮しながら、思慮や真理や、魂というものができるだけ善くなるようにと配慮せず、考慮もしないとは』と。

この姿勢こそが、知を単なる情報の集合ではなく、愛と探求の対象として捉える哲学の原点だともいえるのです。それゆえ、「哲学（philosophy））」は、ギリシャ語の「Philia（愛）」と「Sophia（知）」に由来して名付けられています。

また、ソクラテスは知識を押し付けるのではなく、問いかけを通じて真の知の本質を追求しました。デルフォイの神託で「最も知恵のある者」とされた彼は、各地で人々と対話し、その真偽を確かめようとしました。しかし、対話のなかで気づいたのは、多くの人々が実際には知識を持っていないにもかかわらず、「自分は知っている」と錯覚していたという事実です。ソクラテスは、自らが何も知らないことを自覚している点で他者より知恵があると考えました。これが「無知の知」として知られる重要な考え方です。

皆さん、私はこの場合でもこの点で、おそらく多くの人間とは違います。もし実際に、私が他の人よりなんらかの点でより知恵があると言えるのなら、まさにこの点、つまり、冥府（ハデス）の世界のことはよく知らないので、そのとおり知らないと思っている点でそうなのです。

知らないということを知る。この姿勢こそが、あらゆる知の探求の始まりだと言えます。そして、ソクラテスは問答法による対話を通じて、若者たちに「無知の知」の重要性を伝え続けた人物でもありました。

そんな彼の最期の言葉も、とても印象的です。

> ですが、もう去る時です。私は死ぬべく、あなた方は生きるべく。私たちのどちらがより善き運命（さだめ）に赴くのかは、だれにも明らかではありません。神は別にして。

何歳であっても、知を問い、魂を成長させつづけることの重要性を伝える『ソクラテスの弁明』。ぜひ生涯で一度は手に取っていただきたいと思います。

プラトン『ソクラテスの弁明』納富信留・訳、光文社古典新訳文庫（二〇一二年）

## 人と対話する楽しさを思い出す

『饗宴』プラトン

プラトンの『饗宴』は、詩人アガトンの祝賀宴を舞台に、参加者たちが「エロス（愛）」について語り合う対話篇です。その宴会にはソクラテスをはじめ、詩人、医師、弁論家などの古代ギリシャの知識人が参加し、それぞれが愛の本質について順番に演説を披露していくのです。

「饗宴」という言葉は、ギリシャ語では「シンポシオン」といい、まさに宴会を指すものです。友人たちが集まり、食事や酒を楽しみながら、互いに自由に意見を交わす場は、現代の私たちにとっても魅力的なものです。たとえば、コロナ禍ではオンライン飲み会が流行しましたが、私も大学時代の友人たちとオンライン上で集まり、画面越しに互いの近況を語り合ったことを思い出します。みんなが順番に話し、互いに耳を傾けることで、時間を超えて友情が深まる瞬間を味わうことができました。

さて『饗宴』はどんな場かといいますと、ただの飲み会ではなく、エロス（愛）の神を讃（たた）えるというテーマが設けられています。通常、飲み会の話題はとりとめのないものになりがちですが、ここではあくまで愛について考えるという高尚な目的が設定されており、参加者全員がそのテーマに沿って順々にスピーチを行うのです。また、エロスの神について語ることで、普段は見落とされがちな愛の神の価値を再評価しようとする姿勢が見受けられます。

たとえば、喜劇作家のアリストファネスのスピーチでは、人間の本質に迫る寓話（ぐうわ）が語られています。彼は、かつて人間には三つの性別があり、それが分裂したために恋愛が生まれるという壮大な物語を展開します。このような語りのなかで、対話を通じて他者と共に真理を探るという姿勢が顕著に見られます。

**現在のような男性と女性の二種類だけでなく、第三の性別が存在していたんだ。**

これは、男性と女性をあわせもつ性別で、いまでもその名称は残っているんだが、この性別自体は消滅してしまった。これを〈アンドロギュノス〉といい、太古の昔には、これも一つの種族であった。

そしてソクラテスは、愛と知の結びつきを説きます。ソクラテスにとって、エロスは単なる肉体的な欲望ではなく、「知恵と美の追求」だと述べ、人間は、愛を通して美と善の真理に到達するのだと説きます。

すなわち、一つの美しい体から二つの美しい体へ、二つの美しい体からすべての美しい体へと進んでいき、次いで美しい体から美しいふるまいへ、そしてふるまいからさまざまな美しい知へ、そしてついには、さまざまな知からかの知へと到達するのだ。それはまさにかの美そのものの知であり、彼はついに美それ自体を知るに至るのである。

本書では順番に知識人たちの演説が繰り広げられていくのですが、この当時からこうした形式のスピーチが存在し、それが哲学的な探求の手段として用いられていたことに驚きを覚えます。

明治時代、福沢諭吉が「演説館」を設立し、日本で演説文化を広めようとした背景には、日本人がまだスムーズにスピーチを行うことが難しかったという事情がありました。しかし、福沢が自由で効果的な言葉の力を日本に根付かせようと試みる二千四百年も昔、プラトンの時代には、すでに高度な演説が行われていたのです。

この演説の会のレベルに匹敵する会話を現代の人間ができるとは到底思えません。はたして、人間は進化できているのでしょうか。

ただ、己の知識や経験がいろいろと増えてきた六十代だからこそ、昔の仲間と集まってお互いの主張をスピーチで表現できたなら、きっと実りある楽しい時間が過ごせることは間違いないと言えるでしょう。


プラトン『饗宴』中澤務・訳、光文社古典新訳文庫（二〇一三年）

# 私たちの政治システムについて再考する

『政治学』アリストテレス

人間とは何か。年齢を追うにしたがって、そんな問いを抱く機会が増えていくものです。人間は社会的な動物であり、一人では生きていけない存在です。もちろん他の動物たちも同じように社会を作り上げていますが、法律やシステムを精緻に組み上げ、複雑な社会を構築している点で、人間は独特な存在と言えるでしょう。

古代ギリシャの大哲学者であるアリストテレスは「人間は国家（ポリス）を形成する動物である」という有名な言葉を残しています。国家というものは、単純に個々の集まりではありません。国家の枠から逸脱して生きようとすれば、私たちはその社会の安全から外れざるをえない。しかし、その枠の内に留まるためには細かいルールが存在し、その遵守（じゅんしゅ）が求められます。

では、それら枠組みを遵守するにせよ、どのような国家体制が最も良いとされるのでしょうか。本書『政治学』のなかで、アリストテレスは、その問いに真正面から取り組み、民主制や寡頭（かとう）制、そして独裁制の違いを論じました。民主制と寡頭制それぞれについて、アリストテレスはこう述べています。

しかし、民主制の支持者と寡頭制の支持者の両方の主張に、不平等と不正が含まれている。なぜなら、まず寡頭制の支持者に従えば、より多くの財産を持つ少数者の意見が正義にかなうため、結局は［不平等の極みである］独裁制に行きつくからである。（中略）他方、民主制の支持者に従えば、人数の多い人々の意見が正義にかなうため、少数しかいない富裕者から財産を没収するという不正を犯すことになる。

民主制と寡頭制双方の主張に、不平等と不正が含まれる。しかし、平等や正義を求めるのは常に弱者であるが、力で勝る者たちは全く顧慮（こりょ）しない。そのため、権力や財産を持つ者の声が強くなる寡頭制よりも、民主制のほうが体制としては少しだけ理があると、アリストテレスは考えていたようです。

さらにアリストテレスは、民主制を衆愚（しゅうぐ）政治に陥らせないためには、中間層である市民がどう動くかを重要視しており、国の在り方は市民の性質にも大きく左右されると記しています。そのなかで、「民主制には四つの種類があり、序列において第一の『農民が中心となる』ものが最善の民主制である」と述べています。

また、それぞれの市民が大切にすべきは、「知情意」、すなわち、知性と感情と意志であるとも指摘しています。正しい国家を運営するためには、市民一人ひとりが知性を持ち、情と意志をもって行動することが必要と考えていたのでしょう。

この「市民の本性」の重要性に対する指摘が、いまから二千三百年前に行われたことに、私は驚嘆を感じます。

> 有徳な人間になるよう立法者によって導かれやすい市民であろうとすれば、本性において知性的であると同時に情意も強くなければならないという事実である。こ

こで情意に言及したのは、次のような説を唱える人々が存在するからである。すなわち、国家の運営に当たる守護者にとって、かたや知人たちに対しては友愛を持って接し、かたや見知らぬ人たちに対しては冷酷に接することが必須となるが、このとき、知性ではなく情意こそが友愛の心を作り出すものにほかならない。なぜなら情意は、私たちが友愛の心を発揮するときに使う精神の能力だからである。

アリストテレス『政治学』三浦洋・訳、光文社古典新訳文庫（上下巻二〇二三年）

アリストテレスの指摘は、いまの日本で私たちが直面する問題にも通じる部分が非常に大きいです。たとえば私たちは総理大臣を直接選挙で選ぶわけではなく、間接的なシステムに依存してきました。しかし、本当にそのシステムで良いのかという疑問は、現代でも残り続けています。

本書は単なる古典にとどまらず、現代の政治システムを再考し、より良い社会を築くためのヒントを提供するものです。同時に、アリストテレスの思索に触れることで、国家のあり方や人間の在り方を再認識する手助けとなるはずです。

## 「であること」より「すること」に意識を向けよう

### 『日本の思想』丸山真男

日本の思想がどのようにして形成され、またどのように変遷を遂げてきたか。その問いについて深く切り込んでいるのが、ファシズムの研究で有名な丸山真男の『日本の思想』です。本書のテーマは、戦前・戦後の思想的背景と政治文化の考察です。日本人の内面生活における思想の入り込み方や、日本的な特質がどのように形成され、現代にどう影響を与えているかを明確にしたうえで、政治や文化が抱える問題に焦点を当て、宗教と政治の関係についても深く掘り下げています。

なかでも興味深いのは、「精神的雑居性」という概念について。丸山は、日本人の思想における問題点について、次のように述べています。

ここでもう一度、この小論の出発点をふりかえって見よう。私達の伝統的宗教がいずれも、新たな時代に流入したイデオロギーに思想的に対決し、その対決を通じて伝統を自覚的に再生させるような役割を果しえず、そのために新思想はつぎつぎと無秩序に埋積され、近代日本人の精神的雑居性がいよいよ甚だしくなった。

「精神的雑居性」とは、日本における異なる思想や価値観がしっかりと融合せずに、単に同時に存在している状態を指したものです。異質な思想や文化が、深く相互に影響を与えることなく共存している状況だからこそ、日本人には内面的な交わりや統合が欠けている点を丸山は批判しています。

また、特に有名なのが「であることとすること」という論文です。ここでは、日本においては古くから「何をするか」よりも「何であるか」が価値判断の基準となっていたと説明されています。例として徳川時代の組織体制を取り上げ、大名や武士は、その地位に基づいて支配権を持ち、実際に「何をしたか」ではなく「である」ことが重視されたとしています。このような考え方は、現代の企業社会にも通じるものがあります。部長や課長という役職が与えられると、その肩書が人の価値を決定しがちで、実際の能力や行動が評価されにくい。この構造は、多くの人が日々目の当たりにするものではないでしょうか。

特に印象的なのは、「武士は武士らしく、町人は町人らしく」という社会モラルの描写です。江戸時代の日本社会において、各自が与えられた役割を忠実に守ることが、社会の秩序を保つために必要不可欠だったと示されています。

> 人々のふるまい方も交わり方もここでは彼が何であるかということから、いわば自然に「流れ出て」来ます。武士は武士らしく、町人は町人にふさわしくというのが、そこでの基本的なモラルであります。「権利のための闘争」（イエーリング）どころか、各人がそれぞれ指定された「分」に安んずることが、こうした社会の秩序維持にとって生命的な要求になっております。

この点については、西洋との比較も興味深いところです。西洋社会では、権利を巡る闘争によって、マグナ・カルタやナポレオン法典といった法や法律が整備されてきました。しかし、日本では「である」ことを重視する姿勢が強く見られます。

この風潮は、日本社会の保守的な側面とも関連しており、私たちはしばしばその枠にとらわれがちです。しかし、丸山が指摘するように、真に新しい価値を生み出すためには、「である」ことから「する」ことへと視点を変える必要がある。主体的な行動と革新の力こそが、社会を動かし、国家を発展させる原動力となるからです。

優秀な人材がどれほど集まっても、単に「である」状態に満足していては、社会は前進しません。「失われた三十年」と呼ばれる時代において、多くの優秀な人材が金融業界へと進みましたが、「である」を重視する組織体制のなかで、果たして大きな成果を残せたのかは疑問です。『日本の思想』は、そうした現状に一石を投じ、私たちが「すること」に意識を向けるための示唆を与えてくれます。

丸山真男『日本の思想』岩波新書（初版：一九六一年、改版：二〇一四年）

## 伝承を通じて、社会の成り立ちについて考える

『遠野物語』柳田国男

柳田国男の『遠野物語』は、現在の岩手県遠野市周辺に伝わる民話や伝承を集めたもので、日本民俗学の出発点となった重要な作品です。怪談話のような話がたくさん収録されているので、「一見、自分とは縁遠い話だな」と思う方も多いかもしれません。ですが、吉本隆明が「国家はどうやって成り立つか」を論じた『共同幻想論』の中心的な資料に本書を採用したように、『遠野物語』は読み解き方次第で、いろいろな視点を生み出してくれる稀有(けう)な本だと言えるでしょう。

たとえば、本書に数多く登場する「山人」の話は、その最たる例です。ある時、佐々木嘉兵衛(かへい)という人物が猟をしに山に入ったとき、遭遇した美しい女性を撃ってし

まいます。

山々の奥には山人住めり。栃内村和野の佐々木嘉兵衛といふ人は今も七十余にて生存せり。この翁若かりし頃猟をして山奥に入りしに、はるかなる岩の上に美しき女一人ありて、長き黒髪を梳りてゐたり。顔の色きはめて白し。不敵の男なれば直に銃を差し向けて打ち放せしに弾に応じて倒れたり。

佐々木は記念に彼女の髪の毛を持って帰ろうとしたものの、帰り道の途中で居眠りしてしまう。すると、彼がまどろんでいる間に山男が来て、佐々木の胸元に手を入れ、その髪を持ち去ってしまったというのです。

そのほかにも、山人にさらわれてしまった女性の話などが繰り返し登場します。これらの話は、一見するとただの昔話のようですが、実は山の世界と平地の社会の境界を描いたものだとも言えます。この話が現実かどうかは別として、「山に行くと怖いことが起こる」というひとつのメッセージが共同体のなかで物語として受け継がれてきたことが垣間見られますし、山の世界と平地社会の境界を描いているとも言えます。

事実、柳田国男は、各地の逸話を収集するうちに、山に暮らすサンカの人々の生活の在り方や世界観は、村に住む人々のものとは全く異なると考えるようになり、以降、山に暮らす人々の民俗学を本格的に研究するようになりました。

『遠野物語』を読むと、「日本人」といえども、生き方や考え方、生活様式には多様性があるのだと感じられます。

同作には、そのほかにも奇妙な話がたくさん登場します。私が印象に残っているのは、「寒戸の婆」という逸話です。「黄昏に女や子供の家の外に出ている者はよく神隠しにあふことは他の国々と同じ。松崎村の寒戸といふところの民家にて、若き娘梨の樹の下に草履を脱ぎ置きたるまま行方を知らずなり、三十年あまり過ぎたりしに、ある日親類知音の人々その家に集まりてありし処へ、きはめて老いさらぼひてその女帰り来たれり」という書き出しとともに語られ、三十年前に行方不明だった女性が突然帰ってきて、風と共にまた消えてしまうという短いエピソードが紹介されます。

また、「オシラサマ」という神様のエピソードはなかなか怖いものがあります。この逸話は「今の土淵村には大同（だいどう）という家二軒あり。山口の大同は当主を大洞万之丞（おおほらまんのじょう）という。この人の養母名はおひで、八十を超えて今も達者なり」と始まるのですが、具体的な地名や名前が書かれるがゆえに、不気味なリアリティを感じます。

この話では、娘が馬に恋して、馬と夫婦になるも、事実を知った父は、怒りからその馬を桑の木につり下げて殺してしまいます。嘆き悲しんだ娘は、父が切り落とした馬の首に乗って、天に昇っていきました。以来、馬をつり下げたその桑の枝にオシラサマという神のご神体をつるすようになったのだそうです。

「どの物語も、一見、ただの怪奇談に思えますが、「あれをすると危ない目に遭う」といったタブーに始まり、読み解き方によっては、人間社会の成り立ちの萌芽（ほうが）を感じとることもできる。それこそが『遠野物語』の奥深さであり、何度として読み返したくなる魅力だと言えるでしょう。

柳田国男『新版　遠野物語　付・遠野物語拾遺』角川ソフィア文庫（二〇〇四年）

# 国とは何かを考える

『共同幻想論』吉本隆明

吉本隆明の『共同幻想論』は、国家や宗教などの「共同体」をどのように人々が幻想として共有しているかを考察した作品です。大きなテーマは、「国家とは確固たる実体を持たず、私たちが共同で作り上げた幻想かもしれない」というものです。

吉本は、本書において幻想を三つに分類しています。「自己幻想」、「対幻想」、そして「共同幻想」です。

「自己幻想」とは、自分自身に関する幻想です。芸術や個人的な宗教的体験などがこれに含まれます。「対幻想」とは、主に男女の関係、つまり恋愛関係や家族を指します。恋愛もまた、二人が共有する幻想のひとつなのです。家族とは、この対幻想によって形成される関係性の象徴だと彼は説いています。

そして、国家や宗教のような存在については、多くの人々がその存在を信じ、共有することで成り立つ「共同幻想」だと位置づけています。この例は、宗教を考えてみればわかりやすいでしょう。人々が神やあの世の存在を信じることで、宗教が力を持ち、実在するように感じられるのです。

これと同様に、国を整備する法律は、整然とした形で存在し、秩序と安心感をもたらします。しかし、吉本は法の根本をたどり、「法とは幻想ではないか」という疑問を投げかけ、その成り立ちが「恐怖の共同性」に根ざすのではないかと指摘します。

そこで彼が例に挙げたのが『遠野物語』で語られる「山人」に遭遇した恐怖体験です。多くの村で山に入ることが禁忌とされる背景には、恐怖や共同体の記憶があるからだと吉本は考えます。単なる法律や規制ではなく、山に入る危険性が村人たちの間で語られ、それが「山人」との恐怖の体験として物語化されていく。その結果、「山に入ってはいけない」という禁忌が世代を超えて共有されていくというのです。

〈恐怖〉の迫真力は、直接体験にちかいほど大きいとしよう。そして直接体験からへだたって、たとえば村の古老の誰某の体験だとか、村の誰某が実際に体験した話を聞いたのだが、というような媒介が入りこむほど、迫真力はおとろえる。と同時に虚構が入りまじり、虚構がますにつれて〈恐怖〉は、いわば〈共同性〉の度合を獲得してゆく。

現代社会における規律や法律、さらには国家そのものが、果たしてどれほどの実体を持っているのか。その気づきは、国家とは何か、法とは何かという問いを投げかけるだけでなく、私たちがその存在にどのように向き合うべきかを考えさせる契機となります。

さらにおもしろいのが、国家論のみならず、恋愛、法律、そして文学に至るまで、縦横無尽に問いを立て、その本質を追求していく吉本の姿勢です。その問いの立て方は非常に独創的で、読む者に強い印象を与えるのです。

たとえば、「キツネが人間を化かす」という民間伝承を例に挙げ、吉本はこれを村落の共同幻想の象徴と捉えます。そして、その象徴が村落の男女の対幻想とどのように結びつくかを探求し、キツネが単なる女性の象徴ではなく、性そのものを象徴する存在として、「対幻想」と結びついているのではないかと考察します。

**ここで狐が化けた〈女〉は、けっして柳田国男がかんがえるように、たんに女性を意味するものではない。むしろ〈性〉そのものを、いいかえれば男女の〈性〉関係を基盤とする対幻想の共同性を象徴しているのだ。**

吉本隆明『改訂新版　共同幻想論』角川ソフィア文庫（二〇二〇年）

大学時代にこの本に触れた私は、吉本の思想の壮大さに感銘を受け、挑戦的な問いかけに強く引き込まれました。そして改めて読み返すと、国家というものが単なる現実の産物ではなく、人々の内面に共通する幻想によって形作られている可能性に、再び深く考えさせられます。本書は、現代社会においてもなお新たな視点を提供し、私たちが自らの国家や共同体との関係性を問い直すきっかけとなるでしょう。

## 自分だけの「座右の世阿弥」を探してみよう

『風姿花伝』世阿弥

古来より伝わる日本の伝統芸能である能。芸術として完成させたのは、室町時代に生きた観阿弥・世阿弥親子だと言われていますが、彼らのすごさといえば、その創造性はもちろんのこと、能をひとつの家業として成立させ、継承してきたことだと思います。

私自身、かつて能を習っていた時期がありますが、本番で、先生が舞台に立った瞬間、その立ち姿、足拍子、全身から放たれる緊張感が舞台全体に行き渡るのを肌身で感じました。「こんなにすごい身体芸術が、室町時代にすでに生まれていたとは……」と鳥肌が立ったのを覚えています。また、驚いたのは、能楽師たちは実際に自分が舞台で演じる可能性が低い演目についてもきちんと細部まで覚えているという点です。もちろん、室町時代には現代とは違い、ビデオなどはありません。だからこそ、彼らは自分の体で技を覚え、弟子たちに伝えるという使命を背負っていたのですが、その伝統はいまでも脈々と受け継がれているのです。

さて、世阿弥の『風姿花伝』は、まさに自分たちの能を後世に伝えるための秘伝の書として作成されました。本書は、一見、能の技術書のように思えますが、実は私たちの人生にも役立つ多くの知恵が多く含まれています。たとえば、「秘すれば花なり秘せずば花なるべからず」という有名な言葉にもある、世阿弥が舞台芸術を通じて語る「花」という概念を取り上げてみましょう。「花」とは、観客を惹きつける魅力や珍しさを意味します。それは一時的なものではなく、年齢や経験によって、その質は変わっていくのだと世阿弥は説きます。

父の観阿弥が亡くなる際、世阿弥はその様子を「老木(おいき)の花」と語ります。

亡父にて候ひし者は、五十二と申しし五月十九日に死去せしが、その月の四日の日、駿河の国浅間の御前にて法楽仕る。その日の申楽ことに花やかにて、見物の上下、一同に褒美せしなり。およそ、その頃、物数をばはや初心に譲りて、やすき所を少なすくなと、色へてせしかども、花はいや増しに見えしなり。これ、まことに得たりし花なるがゆゑに、能は、枝葉も少なく、老木になるまで、花は散らで残りしなり。これ、眼のあたり、老骨に残りし花の証拠なり。

観阿弥は五十二歳で亡くなる十五日前に、いまの静岡県にある浅間神社の御宝前で奉納の能を舞いました。その日はとりわけ華やいでおり、観客は絶賛します。世阿弥も姿を見て、「老体にも花がある、これこそが誠の花だ」と感じ入り、父・観阿弥のような「誠の花」を得るには、若さに頼らない真の魅力を培うことが必要だと説いているのです。若い時分の花には注意が必要と言います。

　さりながら、この花はまことの花にはあらず、ただ時分の花なり。されば、この時分の稽古、すべてすべてやすきなり。さるほどに、一期の能の定めにはなるまじきなり。

「時分の花」とは、若いからこそ得られる一時的な魅力のことです。時分の花は永遠に続くものではなく、やがて散ってしまいます。年齢を重ねた者こそが「誠の花」を得られるとし、そのためには技術や経験を積み重ねることが必要なのです。

また、人間には年齢ごとの花があるとし、三十四歳、三十五歳ごろの役者はその技術の最高潮に達する「盛りの極め」、四十歳になる前には「天下の名望を持つべし」と説き、観阿弥のように、五十歳を過ぎても、なお失われない花を持つ者こそが真の名人であると語っています。この言葉は六十代の我々にも心強いものです。

『風姿花伝』には、能という芸術を超え、人生全般に通じる深い教訓が込められています。きっと心に響く知恵や文章がきっと見つかるはず。ぜひ、ご自身の「座右の世阿弥」を本書から探してみてください。

世阿弥『風姿花伝・三道　現代語訳付き』竹本幹夫・訳注、角川ソフィア文庫（二〇〇九年）

# 文化を継承する担い手となるために

『天平の甍』井上靖

　私たちが何気なく日々触れている文化。しかし、その文化が享受できている背景には、数多の人々の努力や苦難が隠れています。井上靖の『天平の甍』は、そんな文化の継承の大切さを考える上で極めて重要な一冊です。

　私がこの本に出会ったのは、中学生のときでした。国語の先生が、毎週二冊ずつ本を紹介してくれたのですが、なかでも『天平の甍』は特に印象に残っています。

　物語の中心は、仏教の導入伝達を進めるため、第九次遣唐使として日本から唐に渡った留学生たちの姿です。彼らが担う使命とは、経典を持ち帰り、なおかつ鑑真和上を日本に招くというもの。鑑真和上は中国の高僧です。彼が日本に迎え入れられたことで、のちに唐招提寺が作られ、日本の仏教に大きく影響を与えました。
『天平の甍』のなかで、繰り返し描かれるのが、文化を継承することの重要性です。文化を伝えていくという行為は、単なる知識の受け渡しではありません。それは、自分自身の生命を超えて、未来の世代へとつながっていくものです。

たとえば、テニスの世界では、教わった人が次の世代にまた無料で教えるという慣習があります。そのため、幼少期、私もテニスを無料で教えてもらった経験があるのですが、こうした伝統が守られ、受け継がれていく背景には、次の世代へと文化を継承しようとする人々の意志や努力が欠かせません。

仏教も同様です。鑑真和上が日本に渡るまでの道のりには、多くの困難がありましたが、日本から唐へ渡った僧侶たちのように命がけで文化を伝える人々がいたからこそ、日本で仏教が根付き、今日まで継承されてきたのです。

その象徴的な人物が、物語に登場する業行という僧侶です。彼は自分の才能の限界を認識しているものの、価値ある経文を日本に伝えたいという強い思いで、ひたすら写経を続けるのです。その執念は、文化を伝えることの真剣さを象徴しています。あるとき、業行は、自らの人生についてこう語ります。

「私の写したあの経典は日本の土を踏むと、自分で歩き出しますよ。私を棄ててどんどん方々へ歩いて行きますよ。多勢の僧侶があれを読み、あれを写し、あれを学ぶ。仏陀の心が、仏陀の教えが正しく弘まって行く。仏殿は建てられ、あらゆる行事は盛んになる。寺々の荘厳は様式を変え、供物の置き方一つも違って来る」

私が最も印象に残っているのは、鑑真と共に日本へ帰路へとついたなか、業行の乗る船が難破し、業行と彼が写経した経典が海へと沈んでいくシーンです。

潮は青く透き徹っており、碧色の長い藻が何条も海底に揺れ動いているのが見えた。そしてその潮の中を何十巻かの経巻が次々に沈んで行くのを普照は見た。巻物は一巻ずつ、あとからあとから身震いでもするような感じで潮の中を落下して行き、碧の藻のゆらめいている海底へと消えて行った。その短い間隔を置いて一巻一巻海底へと沈んで行く行き方には、いつ果てるともなき無限の印象と、もう決して取り返すことのできないある確実な喪失（そうしつ）感があった。そしてそうした海面が普照の眼に映る度にどこからともなく業行の悲痛な絶叫が聞えた。

業行の無念さが強く胸に響くこの場面。これは普照がイメージしたものですが、海の底に散らばりながら沈んでいく複数の経典の様子は、一度読めば、まるで映画のワンシーンのように鮮明な記憶として残ります。文字でのみ再現されているのに、ここまで心に深く刻まれるほど、文学には強い力があるのだと感じずにはいられません。

人生をかけて写した経典を日本に持ち帰れなかった。そんな業行の努力は無駄だったのかと問われれば、私はそうは思いません。仏教が私たちの生活に浸透し、日本文化に欠かせないものとして存在するのは、こうした犠牲や努力の積み重ねがあってこそだと感じるからです。この作品に触れるたびに、「私も自分なりの方法で、なにか後世の文化に貢献したい」との気持ちが、強く湧き起こってきて、やみません。

井上靖『天平の甍』新潮文庫（初版：一九六四年、改版：二〇〇五年）

# 参考文献

・江戸川乱歩『人間椅子』『屋根裏の散歩者』『盲獣』（春陽堂書店・江戸川乱歩文庫）
・黒柳徹子『トットちゃんとトットちゃんたち』（講談社青い鳥文庫）
・釈宗演『音読でこころにしみる菜根譚―釈宗演『菜根譚講話』』齋藤孝・訳、責任編集（イースト・プレス）
・アーサー・コナン・ドイル『緋色の研究【新訳版】』深町眞理子・訳（創元推理文庫）
・トルストイ（原作）『人にはどれだけの土地がいるか』柳川茂・文、小林豊・絵（いのちのことば社）
・福澤諭吉『現代語訳 福翁自伝』齋藤孝・編訳（ちくま新書）
・フランツ・カフカ『決定版 カフカ短編集』頭木弘樹・編（新潮文庫）
・エドガー・アラン・ポー『アッシャー家の崩壊／黄金虫』小川高義・訳（光文社古典新訳文庫）

# 参考文献


・齋藤孝『古典力』（岩波新書）
・齋藤孝『理想の国語教科書』（文藝春秋）
・齋藤孝『別冊NHK100分de名著　読書の学校　齋藤孝　特別授業『銀の匙』』（NHK出版）
・齋藤孝『齋藤孝の音読破4　五重塔』（小学館）
・齋藤孝『読書する人だけがたどり着ける場所』（SB新書）
・齋藤孝『人生最後に後悔しないための読書論』（中公新書ラクレ）
・齋藤孝『読書のチカラ』（だいわ文庫）
・齋藤孝『最強の60歳指南書』（祥伝社新書）


※本文中に記載したものは引用原典としても使用しています。
編集段階において、入手のしやすさなども考慮しながら選定しましたが、すでに品切れとなっている書物が含まれている可能性もございます。

齋藤孝（さいとう たかし）

1960年静岡県生まれ。明治大学文学部教授。東京大学法学部卒業。同大大学院教育学研究科博士課程等を経て現職。専門は教育学、身体論、コミュニケーション論。
著書に『身体感覚を取り戻す』(NHKブックス)、『声に出して読みたい日本語』(草思社)、『思考の持久力』、『1日1話、偉人・名言に学ぶ 大人の教養33』(以上、扶桑社)、訳書に『現代語訳 論語』(ちくま新書)など多数。

扶桑社新書522

# 60歳から読み直したい名著70

発行日 2025年1月1日　初版第1刷発行

著　　者………齋藤 孝
発 行 者………秋尾 弘史
発 行 所………株式会社 扶桑社
〒105-8070
東京都港区海岸1-2-20 汐留ビルディング
電話 03-5843-8842（編集）
03-5843-8143（メールセンター）
www.fusosha.co.jp

DTP制作 ………アーティザンカンパニー株式会社
印刷・製本………中央精版印刷株式会社


Printed in Japan ISBN 978-4-594-09930-5